元宇宙

数字化时代新商业与新生态

陈建成 著

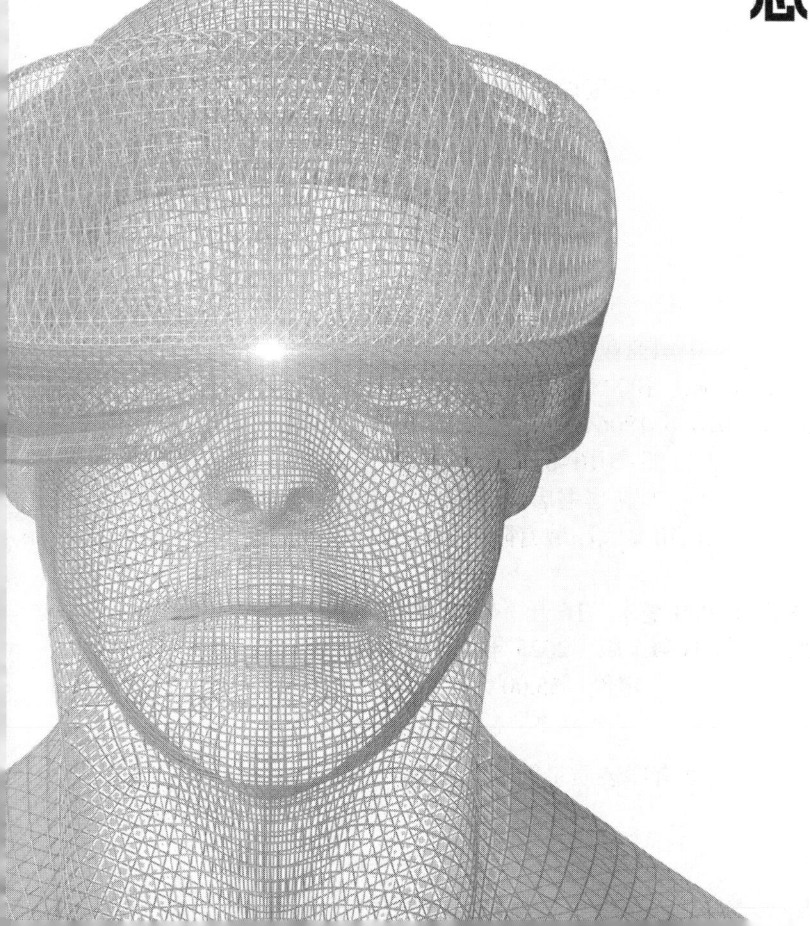

中国商业出版社

图书在版编目（CIP）数据

元宇宙：数字化时代新商业与新生态 / 陈建成著
. -- 北京：中国商业出版社，2022.11
ISBN 978-7-5208-2283-1

Ⅰ. ①元… Ⅱ. ①陈… Ⅲ. 信息经济—研究 Ⅳ.
① F49

中国版本图书馆 CIP 数据核字 (2022) 第 201250 号

责任编辑：郑　静

中国商业出版社出版发行
（www.zgsycb.com　100053　北京广安门内报国寺 1 号）
总编室：010-63180647　编辑室：010-83118925
发行部：010-83120835/8286
新华书店经销
三河市龙大印装有限公司印刷
*
710 毫米 ×1000 毫米　16 开　13.25 印张　190 千字
2023 年 1 月第 1 版　2023 年 1 月第 1 次印刷
定价：55.00 元
* * * *

前 言

如果说2021年是元宇宙概念出圈、大众建立元宇宙认知的一年，那么2022年就是元宇宙被市场认可并获得发展的一年。市场中，越来越多的企业开始积极布局元宇宙，以抓住互联网发展的这一新风口。

什么是“元”？国内SARS和新冠病毒暴发模型预测团队核心专家、北京航空航天大学肖文磊副教授认为，“元”不好理解，但是“元”什么却好理解，比如metaphysics（形而上学，哲学）与physics（物理），metaprogramming（元编程）与programming（编程）的关系。由此可推理出：“元”什么就是什么的抽象，这个“元”可以从高维派生出什么。

2022年1月18日，微软宣布将收购老牌游戏厂商动视暴雪，收购价格高达687亿美元。

对此，微软CEO萨提亚·纳德拉称：“游戏是当今所有平台娱乐中最有活力和最令人兴奋的类别，并将在元宇宙平台的发展中发挥关键作用。”1月31日，索尼宣布以36亿美元的价格收购美国知名游戏开发公司Bungie。索尼与微软的收购，都展示了它们布局游戏元宇宙的意图。

自2021年以来，我国的元宇宙市场十分火热。网易在三亚建立元宇宙基地，推出元宇宙落地产品“瑶台”；字节跳动以90亿元价格收购VR硬件厂商Pico，并斥资1亿元投资了元宇宙游戏厂商代码乾坤；腾讯除了投资、收购了多家元宇宙硬件厂商、游戏公司外，还于2022年6月成立了XR部门，以搭建公司XR业务线，布局元宇宙相关产业。

在元宇宙如此火热的当下，越来越多的企业看到了元宇宙爆发带来的新机遇，尝试布局元宇宙，却无从下手。本书就以元宇宙为切入点，解析元宇宙的概念、技术、产业、市场等，帮助读者全面了解元宇宙以及元宇宙给各领域带来的改变，洞悉潜在的发展机遇。在技术不断迭代的影响下，元宇宙相关应用也将实现智能化发展，实现更广领域的普及。而在元宇宙基建不断完善、用户创作生态持续繁荣、现实社会不断虚拟化发展的过程中，人类的数字化生存或将实现。

本书在讲述元宇宙在各领域的应用时，融入了诸多企业的案例，包括国外的 Meta、微软、英伟达，以及国内的美图、像航等。这些案例的融入使得全书内容更加丰富。

总之，通过阅读本书，读者不仅可以了解元宇宙是什么，还可以了解元宇宙在不同领域的应用以及各互联网巨头在不同领域的布局，从而全面了解元宇宙的概念起源、发展现状以及未来前景，最终对元宇宙形成较为完整的认知。

目　录

CONTENTS

第 1 章
元宇宙商机爆发下的冷思考

2021 年 12 月，中国新闻周刊公布了“年度十大热词”，其中的一大热词就是元宇宙。在整个 2021 年中，元宇宙引发了无数巨头的关注和大众的讨论，而进入 2022 年后，元宇宙依旧是大众关注的焦点。一时间，元宇宙成为当今时代热潮。

德勤 2021 年 12 月发布的“全球 XR 产业洞察报告”指出，XR（Extended Reality，拓展现实）作为元宇宙服务的重要载体，将 5G、AI（人工智能）、区块链和内容制作等元素的迭代更新应用于优化用户数字化生活体验中。基于 XR 的数字化服务将在多场景不断渗透，为元宇宙数字生活体验带来突破。

对元宇宙持积极态度的群体认为元宇宙拥有巨大的发展潜力，于是纷纷在元宇宙领域跑马圈地。同时也有一些人提出了对于元宇宙的思考，指出元宇宙发展中的一些问题。对于这一爆火的概念，我们既要认清其当下的不足，又要看到其发展过程中潜藏的巨大商机。只有这样，才能够抓住机遇，享受新时代的红利。

1.1 元宇宙热词背后的恐慌与思考

当前，业界将元宇宙视为新的增长点，认为其发展将推动互联网行业的新一轮洗牌。同时，元宇宙热潮也引发了人们对于元宇宙风险的更多思考。在这样的背景下，我们需要仔细拆解元宇宙的概念，看到元宇宙热潮背后隐藏的恐慌，对元宇宙进行更全面的思考。

1.1.1 因何而起：时代风口下旧概念的翻红

自 2021 年 3 月以来，元宇宙概念持续升温。在很多人还并不了解这一新概念时，国内外许多科技巨头已经纷纷入局元宇宙。那么，火爆互联网行业和科技圈的元宇宙究竟是什么？是科技圈的造梦预言，还是一片新的蓝海？

元宇宙是 Metaverse 的译称。该单词由“meta”和“verse”两部分组成。其中，meta 意为“超越”，verse 意为“宇宙”。这个概念并不是 2021 年才出现的，而是来自 20 世纪 90 年代美国作家尼尔·史蒂芬森创作的一部科幻小说《雪崩》。在小说所描述的未来世界里，人们可以借助智能设备进入一个奇幻的虚拟世界——Metaverse，以 Avatar（虚拟分身）在其中自由活动，真实体验虚拟世界中的一切。

在此之后，许多电影、动漫都对这个可沉浸体验的虚拟世界进行了描绘，如电影《头号玩家》、动漫《刀剑神域》等。在《头号玩家》中，人们借助智能设备可以进入一个名为“绿洲”的虚拟世界，在其中进行各种现实世界中难以实现的活动，获得不一样的新奇体验。而在《刀剑神域》里，主角也可以通过游戏设备进入虚拟世界，在其中学习法术，进行各种战斗并获得报酬。

在这一阶段，不同的作品对虚拟世界进行了丰富的想象。同时，市场中对于平行世界、虚拟数字人、云游戏等话题的讨论也越来越多。直到 2021 年，虚拟世界系统性地成为一个风口，元宇宙概念在市场中脱颖而出。

2021 年 3 月，沙盒游戏平台 Roblox 携手元宇宙概念成功上市，上市当天市值突破 400 亿美元，相较其上市前约 40 亿美元的估值提升了 10 倍。此举成功使元宇宙概念进入大众视野。2021 年 10 月，知名社交巨头 Facebook 更名为 Meta，并表示将全力发展元宇宙事业。此消息一出，瞬间将元宇宙的热度推向一个新的高潮。

如同久旱逢甘霖一般，苦苦寻找发展新方向的各种企业沸腾了起来，纷纷将目光投向元宇宙。由于本就具有虚拟空间和虚拟化身，游戏成为元宇宙最容易落地的领域。这引发了元宇宙概念股的拉升，汤姆猫、宝通科技、世纪华通等公司均成了炙手可热的元宇宙概念股。

以汤姆猫为例，2021 年 9 月，汤姆猫公开表示，公司已成立元宇宙专项工作组，对相关游戏进行开发和立项工作。受此影响，汤姆猫的股价连续 5 个交易日上涨，总市值也在短时间内实现了大幅拉升。

同时，在这一年里，腾讯、网易、百度等互联网大厂纷纷入局元宇宙。元宇宙概念也在这一年以惊人的速度席卷了游戏、社交、办公等多个领域。作为数字化时代的科技新形态，元宇宙这个诞生了近 30 年的概念，在 2021 年迅速翻红。而到了 2022 年，元宇宙依旧是互联网行业的主旋律。

2022 年 1 月，华为携手北京首钢园推出合作项目“首钢园元宇宙”。用户可以通过华为 AR（Augmented Reality，增强现实）地图进行体验。在华为 AR 技术的赋能下，现实中的废旧工厂与虚拟场景完美融合，呈现出工业朋克的科幻景象。2022 年 3 月，Meta、小冰、NVIDIA 宣布共同成立元宇宙联合体。该联合体聚焦元宇宙可持续发展，就未来可能会产生的问题进行前瞻性布局，并向社会提出具体建议。

为什么元宇宙得以持续火热？一方面，在投资人眼中，元宇宙是一个潜力无限的“香饽饽”。2022 年，英国手游厂商 Tripledot Studios 完成了 1.16 亿美元的融资；元宇宙平台 Portals 也完成了 500 万美元的融资。这一笔笔大额的融资都表明，拥有诸多创业机会的元宇宙有足够的潜力打动投资人，也表明了投资人对元宇宙发展前景的看好。

另一方面，在各巨头眼中，元宇宙也是企业发展的新阵地。当前，Meta 已经获得数十项专利授权，积极推进元宇宙平台建设；苹果 CEO 蒂姆·库克在回应元宇宙相关问题时表示正在进行相应的投资；腾讯不断加大投资力度，将诸多元宇宙相关硬件厂商和元宇宙游戏纳入投资版图；字节跳动也推出元宇宙社交 App“派对岛”。

不仅如此，国内外的各地政府也在积极备战元宇宙。在国外，韩国首尔宣布将投资数百万元打造元宇宙城市；在国内，北京、上海、江苏等地政府纷纷出台了元宇宙相关的指导政策或支持元宇宙创业的扶持政策，一定程度上肯定了元宇宙对地方经济发展的作用。

德勤于 2022 年 3 月发布的《元宇宙综观——愿景、技术和应对》报告也指出，元宇宙作为虚拟世界与现实世界虚实融合的标志性应用，将提供逼真的沉浸体验、完整的世界体系、巨大的经济价值、新的运行规则和潜在的不确定性，而接口设备、行业应用、信息安全、规则设计和能源供给的瓶颈也将给元宇宙发展带来挑战。

总之，综合当前的发展趋势来看，元宇宙并不是昙花一现的科技概念。在接下来的很长一段时间里，其将进入发展的黄金时期。

1.1.2　盛宴下的恐慌

每一项新事物的出现都会带来新的挑战，在元宇宙火热发展的趋势下，科技市场迎来了资本的盛宴。当前，VR（Virtual Reality，虚拟现实）、AR、NFT（Non-Fungible Token，非同质化代币）、AI、虚拟数字人等技术不断实现突破，商业模式不断创新。

在这样的资本盛宴下，元宇宙带来的焦虑、惶恐情绪也开始蔓延。当元宇宙无限拓展，与现实世界相融时，一切都将重构。在元宇宙所创造的虚拟世界中，一切的秩序、制度、伦理和价值观，可能都会面临重建。

毫无疑问，人们的生存方式将面临一场前所未有的改变，而变化会使人感到不安和恐慌。同时，在大多数人眼中，元宇宙是虚无缥缈的。元宇宙究竟会怎样发展？又会带来什么？人们对于这些问题还没有清晰的答案。

同时，虽然很多科技公司、元宇宙游戏公司都对元宇宙的未来进行了描绘，如元宇宙支持人们以虚拟化身沉浸式地体验虚拟世界的各种活动、支持人们在其中进行创造并获得收益等，但隐藏在华丽幻想背后的问题也不容忽视。这些同样是人们对元宇宙产生恐慌的原因。具体而言，元宇宙带来的问题主要表现在两个方面。

一方面，元宇宙可能会存在数据安全问题。元宇宙所需要获取的数据是无法估量的。当前线上存在的个人身份、个人活动等数据难以支撑构建一个超级沉浸的元宇宙。为了打造更真实的体验，人们的身份信息、身体特征、动作甚至脑电波都将成为数据。在元宇宙中，人们的所有行为都可以被溯源、被解析。当人们以虚拟化身完全沉浸于虚拟世界中，自己本身就是数据的时候，在虚拟世界中的风险会被无限放大。如果元宇宙服务商修改用户数据，那么就可以改变人们在元宇宙中的人生轨迹。

另一方面，元宇宙存在失控危机。元宇宙能够搭建起一个高度沉浸感和超高自由度的虚拟世界，带给人们更奇幻、更真实的生活体验。那么，当人们更喜欢虚拟世界中的生活时，会不会出现一味沉溺于虚拟世界而不愿意回到现实世界的问题？现实世界的发展会不会因此而停滞？

未来，当人们完全进入虚拟世界，在其中拥有了完整、丰富多彩的生活体验后，那些在现实世界中生活不如意的人是否还愿意回归现实世界？这是无法控制的。如果越来越多的人因虚拟世界而失控，那么现实世界也将难以向前发展。因此，怎样实现元宇宙与现实世界的平衡，让技术推动整个社会的进步，是元宇宙发展过程中需要解决的重要问题。

1.1.3 元宇宙热潮下的冷思考

经过 2021 年的发展，2022 年元宇宙依旧在进行有价值的量变。但是，在量变到质变的转折点，元宇宙还有一些坎需要跨越。在元宇宙热潮下，我们依旧需要保持冷思考。具体而言，元宇宙面临的难题主要有四个，如图 1–1 所示。

图 1-1 元宇宙面临的难题

1. 技术上的难题

技术问题是元宇宙难以落地的主要原因。元宇宙的实现需要复杂的底层技术做支撑，如网络通信、数据处理、虚实交互、资产加密交易等方面的技术，但是当前这些技术还达不到元宇宙落地对技术的要求。同时，在软硬件技术方面，随着元宇宙的逐渐发展，互联网产品势必要向移动化、智能化方向发展，在这方面互联网产品还有很长的路要走。

2. 高收益伴随着高风险

一般来说，新事物往往暗藏着炒作风险。自元宇宙大火之后，市场上出现了各种各样的元宇宙投资项目，鼓吹投资可以获得高收益，但其中不乏各种投资陷阱。因此，在元宇宙还未真正落地之前，投资人需要擦亮双眼，选择有良好投资前景的标的。

3. 隐私数据泄露风险

元宇宙的平稳运行需要庞大的数据作为支撑。人们需要上传自己各种的数据，开放更多授权。那么，我们在元宇宙中的隐私安全是否能够得到保障？

当前，一些新兴的元宇宙产品虽然能够带给人们沉浸式的虚拟体验，但存在用户隐私泄露的问题。如某元宇宙社交软件凭借独特的捏脸功能和多样的社交玩法，受到广大用户喜爱。然而好景不长，该软件很快出现用户数据泄露的问题，最终导致其从应用商店下架。因此，用户数据安全问题是元宇宙产品长期发展的基础。如果用户的隐私数据泄露问题得不到有效解决，那么元宇宙也难以实现落地。

4. 监管问题

在元宇宙的发展过程中，不可避免地存在各种各样的风险与问题，需要相应的法律进行监管。当前，英国、美国、俄罗斯等国家都已经表示将会对元宇宙进行严格监管，以保证元宇宙产业的有序发展。同时，在我国，自元宇宙概念爆发以来，已经有多家元宇宙概念公司被下发关注函或监管函。

由此可见，虽然一些地方政府或者科技巨头十分看好元宇宙的发展前景，但随着元宇宙的发展，国家对其的监管也会越来越完善。这虽然在一定程度上限制了元宇宙的发展，却有利于整个行业的长久良性发展。

总而言之，虽然元宇宙领域的参与者越来越多，元宇宙所涉及的领域边界不断扩展，但是，在其真正落地前，还有太多的未知数。我们只有清楚地认识到元宇宙发展过程中的难题，才能够更理智地入局元宇宙。

1.2 解析元宇宙本质：特点 + 架构

元宇宙本质上是将现实世界数字化的过程，元宇宙能够创造一个完善的数字生存空间。陈晓红院士指出："元宇宙正在成为互联网进化的未来形态，成为打破虚拟与现实隔阂的解决方案，推动元宇宙相关技术及产业的发展，对做强、做优和做大我国数字经济至关重要。"元宇宙的发展将推动虚拟世界与现实世界融为一体。将元宇宙的特点和架构进行拆解，有助于我们更加清晰地了解元宇宙的本质。

1.2.1 特点解析：多维融合的完善虚拟生态

理想状态下的元宇宙将打造一个沉浸式的虚拟世界，人们不仅可以在其中自由体验，也可以自由发挥自身创造性并通过在其中的活动获得真实的收益。具体而言，元宇宙具有以下四大特点，如图 1-2 所示。

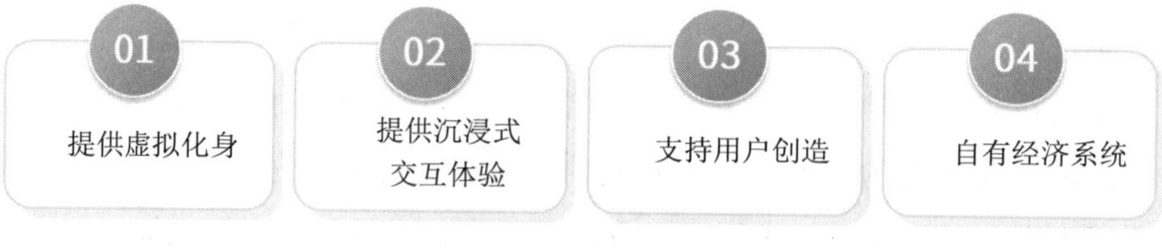

图 1-2 元宇宙的四大特点

1. 提供虚拟化身

元宇宙能够创造一个与现实平行的沉浸式虚拟世界，让人们在其中体验自己的第二人生。而这一切的前提就是元宇宙能够为人们提供一个虚拟化身，便于人们自由进行各种活动，获得拟真的活动体验。同时，元宇宙提供的虚拟化身更具个性化和创造性。人们可以凭自己的喜好自由改变虚拟形象，以多样的形象扮演多种角色，体验不同的生活。

2. 提供沉浸式交互体验

元宇宙的特点之一就是可以为人们提供沉浸式交互体验，使人们在虚拟世界感受到真实的活动体验。当前，借助手机、电脑等设备，人们往往通过声音、动作等与屏幕中的内容进行交互。而随着 VR、AR 等技术的发展，传统交互中的屏幕屏障将被打破，人们可以以虚拟化身在虚拟世界中与各种内容进行沉浸式交互，获得更真实的交互体验。

3. 支持用户创造

元宇宙需要海量内容作为支撑，同时，不断产出的内容将不断扩展元宇宙的边界。在元宇宙中，除了各大元宇宙平台提供的 PGC（专业生产内容）外，以用户为主体的 UGC（用户生产内容）将成为元宇宙内容的重要组成部分，从而保证内容的持续供应。这就体现了元宇宙支持用户创作的特点。在元宇宙中，人们不仅是元宇宙的体验者，还是元宇宙内容的创作者。

4. 自有经济系统

在元宇宙中，创作者可以凭借自己的创作获得收益，同时，现实中的商业交易也可以在元宇宙中完成。这得益于元宇宙中存在的自有经济系统。在完善的经济系统的支持下，元宇宙能够实现有效运转。

传统游戏中往往存在中心化的经济系统，经济系统由游戏开发商控制且不透明，付费玩家和免费玩家的游戏体验差别较大。而依托去中心化的区块链技术，元宇宙能够搭建起一个去中心化的虚拟世界。在其中，交易流程没有中间机构，完全依靠程序和算法建立信任，价值以智能合约的形式在区块链网络中流通，而数字货币是整个经济系统的通行证。

1.2.2 架构拆解：多层要素解析元宇宙全貌

作为一个庞大且复杂的超级数字生态，元宇宙可以分成多层核心架构。具体而言，元宇宙的构成要素主要包括以下几个部分，如图 1–3 所示。

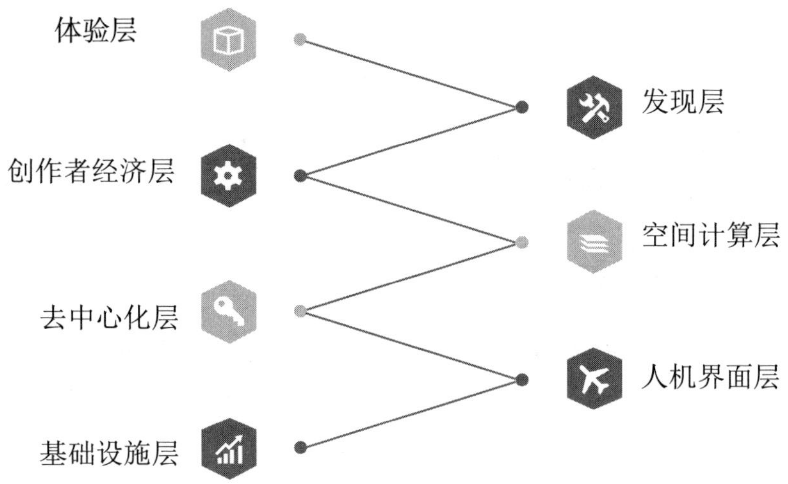

图 1-3 元宇宙的构成要素

1. 体验层

体验层能够为人们提供真实、多样的体验。与当前现实生活中人们的体验相比，元宇宙体验层致力于为人们提供沉浸式体验。例如，在现实中，玩家需要通过操作游戏的技能键体验游戏。而在元宇宙中，玩家能够以虚拟化身进入游戏世界，自由地探索、战斗，获得更真实的游戏体验。同时，除了游戏外，当人们在元宇宙中进行社交、教育等其他方面的活动时，也可以获得更真实的体验。

2. 发现层

发现层致力于将更多人吸引到元宇宙中来。其手段主要包括主动发现和被动发现两种。主动发现指的是人们的自发寻找，途径包括应用商店、搜索引擎等；被动发现指的是人们通过产品运营商的主动推广而发现，途径主要为广告。

3. 创作者经济层

创作者经济层包含人们创作所需要的各种技术、工具，以及所创作出的内容。在创作者经济层形成的最初阶段，创作工具较为复杂，创作者创作出的内容也较少。而随着技术的发展和创作工具的简化、升级，创作将变得更加容易，最终吸引更多人源源不断地创作出内容，丰富元宇宙的内容形态。

4. 空间计算层

空间计算层提供虚拟计算解决方案，以打通虚拟世界和现实世界的连接。人们能够进入元宇宙并进行各种活动，背后都离不开空间计算技术的支持。在相关技术方面，空间计算层主要包括构建 3D 人物与场景的 3D 引擎技术、映射虚拟和现实世界的地理空间映射技术等。

5. 去中心化层

去中心化层是元宇宙稳定运行的基础。和电影《头号玩家》中由单体控制的虚拟世界“绿洲”不同，元宇宙为不同的个体所控制。在其中，中心化的运行架构将不复存在，每个个体都可以以去中心化的形式加密保存自己的个人数据，安全存储自己的个人虚拟财产。

6. 人机界面层

人机界面层致力于提供更加自然和沉浸的交互体验，使人们在元宇宙中的体验更加真实，行动更加自由。当前，VR 头显、AR 眼镜等设备在不断迭代升级，朝着轻量化、功能多样化的方向发展。未来，凭借更先进的技术，更便捷的微型传感器、脑机接口等都有望成为现实。

7. 基础设施层

基础设施层包括支撑元宇宙实现的各种基础技术和系统，如支持元宇宙产品的硬件技术、软件技术；为元宇宙平稳流畅运行提供助力的 5G 或 6G 技术；微型半导体、支持微型传感器的微机电系统等。

基于埃森哲在 2022 年描述的元宇宙四大技术趋势，我们可以预测：元宇宙将带动底层技术和基础设施的进步并重塑信息流动的底层技术逻辑和信任机制，重塑互联网的消费关系、生产关系，让世界走向可定制化和自动化。我国大力推动落地的数字化浪潮将进一步赋能元宇宙的场景，让工业、商业元宇宙场景多点爆发，并引领行业颠覆性变革。

1.3　商机：元宇宙带来场景新变革

技术的每一次变革都将带来新的机会。那么，元宇宙的发展将会为人们的生活带来哪些变革？又会存在什么商机？元宇宙将在多领域落地，给人们的娱乐体验、社交体验、消费体验等带来深刻变革，最终引领人们走向新的文明。而在这一过程中，元宇宙的商业价值也将全面凸显。

1.3.1　娱乐无边界，多样元素走向融合

当前，娱乐领域的繁荣生态不断形成合力，成为一个可以撬动元宇宙的支点。在元宇宙的影响下，娱乐领域将迎来多方面变革，衍生出无限机遇。

1. 游戏领域

游戏是重要的娱乐项目，也为元宇宙的初步应用提供了肥沃的土壤。当前，已经有一些游戏开发商做出了尝试，通过在游戏中融入更多元宇宙元素提升游戏的娱乐价值。例如，游戏开发商 Epic Games 就对旗下的游戏《堡垒之夜》进行了诸多创新。

《堡垒之夜》是一款动作射击类的多人在线游戏。在游戏中，玩家可以以虚拟身份进行战斗、与其他玩家社交互动。在丰富游戏内容方面，《堡垒之夜》进行了诸多创新。例如《堡垒之夜》和复仇者联盟、漫威等多个 IP 合作，将多部电影中的经典人物引入游戏中；和多个明星联动，将沉浸式演唱会搬进游戏中等。这些创新大大提升了游戏内容的丰富性。

此外，《堡垒之夜》还支持玩家进行内容创作，如在游戏中创造虚拟

城市、创造官方表情等。在游戏官方与玩家的双重发力下，《堡垒之夜》中的娱乐生态也更加完善。

2. 虚拟演员

影视制作是娱乐产业中的重要组成部分。乘着元宇宙的东风，虚拟演员也顺势而起。

2021 年 5 月，国创科幻动画《灵笼》第一季完结，其中获众多粉丝喜爱的女主角冉冰并没有因为动画的完结而消失在大众视线中，反而改名为“弈心”，以虚拟演员的身份成功出道。

虚拟演员的兴起为影视制作提供了新的形式。虚拟演员不仅能够避免真人明星人设崩塌的风险，还可以展现专业的表演，为观众带来更新奇的观看体验。甚至虚拟演员还可以参加各种综艺活动，与真人明星同台表演，提高综艺节目的娱乐效果。

3. 沉浸式影院

随着 AR 和 VR 技术的发展，当前，影视爱好者已经可以凭借 AR 或 VR 设备在家沉浸式观看影片。而在未来，随着技术的升级，人们可以在虚拟世界中观看电影，甚至可以和影视内容自由交互。

当前，已经有一些企业进行了相关尝试。2021 年 10 月，UME 影城表示将与线下交互游戏品牌 UMEPLAY 合作，打造一家全感知沉浸式影院。按照 UME 的设想，全感知沉浸式影院可以通过虚拟与现实的融合，带给观众更加沉浸的观影体验。同时，在未来，观众甚至可以进入电影中，以主角视角体验电影情节。

总之，在元宇宙的助力下，传统娱乐形式将实现全面变革。在变革的过程中也会出现新的商业机遇，企业只有抓住新形势下的新机遇，才能够享受元宇宙风口下的新红利。

1.3.2　社交无障碍，打破屏幕交互壁垒

在社交方面，与元宇宙融合的元宇宙社交可以打破传统线上社交的屏幕屏障，实现沉浸式自由交互。

从交互方面来说，人们可以凭借 VR 设备进入一个虚拟的社交空间，以虚拟化身在其中聚会、游戏等。这使得线上社交摆脱了屏幕的限制，真正实现在虚拟世界中的“面对面”沉浸式社交。同时，处于虚拟空间的人们不仅可以通过语音、动作等进行更自由的社交，甚至可以自然地表现出表情，使虚拟社交更具真实性。

从社交体验方面来说，人们可以自由设计虚拟形象、虚拟身份等，以此进行社交。这能够使人们获得更强的代入感，获得更真实、更新奇的社交体验。在元宇宙中，人们之间的社交可以打破物理距离、年龄、社会地位等方面的障碍，使人们能够更自由、平等地表达自我。

同时，当前的许多元宇宙产品都在尝试将社交与游戏相结合，使人们在更具娱乐性的社交场景中更加自然地进行社交。例如，沙盒游戏平台 Roblox 就具有很强的社交基因。除了游戏互动外，Roblox 还提供了更多的社交功能，允许玩家在虚拟世界中聚会、召开演唱会等。此外，Roblox 还开创了“Play Together（一起玩）”“Party Place（派对举办地）”等新社交形式，丰富了玩家的社交体验。

基于元宇宙社交在体验方面的优势，市场中出现了多样的元宇宙社交产品，沉浸式社交平台获得了更好的发展。

2021 年 6 月，VRChat 获得了 8000 万美元的融资，累计融资金额接近 1 亿美元。VRChat 之所以受到资本的青睐，很大程度上是因为其创造了一个接近元宇宙的沉浸式社交场景。

用户借助 VR 设备进入 VRChat 后，可以自由设计自己的虚拟形象。VRChat 里有丰富的素材供用户选择，用户可以成为一个长着耳朵和尾巴的精灵、一个机器人，甚至是一根香蕉。创建好虚拟形象后，用户便可以在其中的不同虚拟社区中闲逛，与其他用户自由沟通。除了在不同主题的

聊天室寻找志同道合的好友外，用户还可以在其中看动画片，甚至可以和其他用户斗舞。此外，VRChat 还开放了用户创作功能，支持用户在其中自由创建聊天室，创新社交玩法。

总之，元宇宙社交领域蕴含着无限可能。未来，随着元宇宙的不断发展，社交玩法也将变得更加多元，元宇宙社交平台也将迎来多样化发展。

1.3.3 消费无界限，虚拟消费场景被拓宽

随着 AR 技术在消费领域的应用，线上 AR 展示产品变得越来越普及，天猫、得物等诸多购物平台上都上线了口红 AR 试色、服饰 AR 试穿等功能。而在元宇宙语境下，消费场景将变得更加虚拟，消费方式将变得更加便捷，带给人们全新的消费体验。

在元宇宙所创造的沉浸式消费场景中，人们可以自由穿梭于各大卖场，同时不仅可以 360° 了解商品外貌，还可以真实触摸到商品，感受商品的质感。在购买完虚拟服装后，人们甚至可以通过“一键换装”的方式将衣服“穿”到自己身上。

这样的消费场景看起来还非常遥远，但事实上，已经有一些企业在沉浸式消费方面做出了尝试。2021 年 5 月，著名奢侈品品牌 Gucci 在 Roblox 平台举办了一次“The Gucci Garden Experience”（Gucci 艺术花园体验）活动。

活动期间，Roblox 平台用户可以购买限量版 Gucci 配饰来装扮自己的虚拟形象。同时，在活动过程中，用户可以在花园中寻找线索，探索不同的主题房间。此外，Gucci 还在活动期间上线了几款限时单品，用户可以通过 Roblox 平台中的通用货币 Robux 进行购买。此次活动无疑激发了用户的购买热情，一些商品的售价甚至远超原价。

除了与 Roblox 进行合作外，Gucci 还与虚拟形象科技公司 Genies 达成了合作，在 Genies App 中上线了上百套虚拟服饰，以供平台用户装扮自己的虚拟形象。

总之，当线下消费场景搬到虚拟世界中后，消费的商品、消费的形式

都将大大改变，最终为人们提供完全不同于现实的消费体验。而在虚拟消费场景被不断拓宽的过程中，诸多企业在创新消费模式、提供新的消费体验方面都将大有可为。

1.3.4　元宇宙发展，步入数字文明新时代

元宇宙是社会数字化不断发展下的产物。元宇宙将为实体经济发展提供助力，推动传统行业的数字化转型。而以全局眼光来看，元宇宙不仅能够推动传统行业的数字化转型，还能够推动现实世界向数字世界迁徙。

在元宇宙发展的过程中，其与人们日常生产、生活之间的关系会日益密切，推动整个社会的数字化发展进程。同时在这个过程中，将有越来越多的人将工作、学习、娱乐等各种活动搬进虚拟世界。最后，元宇宙不仅会将现实世界中的人物、场景搬进虚拟世界，还会复刻现实世界的运行逻辑、商业模式，甚至会基于新的场景与关系催生出全新的商业机会。

在与现实世界融合发展的过程中，元宇宙将带领人们进入新的数字文明。新的数字文明主要表现在以下几个方面，如图 1–4 所示。

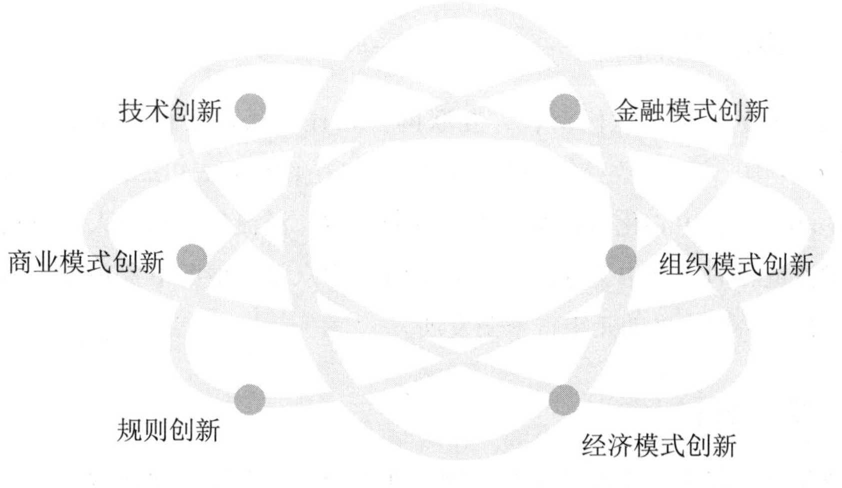

图 1-4　新的数字文明的多维表现

1. 技术创新

元宇宙由数字技术驱动，元宇宙实现的重要前提就是技术创新。当前，区块链、VR、AR、AI、云计算等技术不断融合、迭代，为元宇宙的发展奠定了基础。同时，技术创新没有尽头，未来技术的持续迭代也会推动元宇宙进一步发展壮大。

2. 金融模式创新

新的金融模式是技术创新的应用结果，也是技术创新应用不断拓展的保障。元宇宙将在未来形成去中心化的新金融模式，为元宇宙的持续发展提供动力。

3. 商业模式创新

互联网的发展衍生了双边市场、平台经济等商业模式，实现了买家和卖家的更便捷连接，实现了商业体系的去中介化，形成了统一大市场。而在元宇宙中，数字经济和实体经济不断融合，产业实现数字化，使商业可以突破资源束缚，从而推动商业模式的创新。

4. 组织模式创新

在当前的移动互联网时代，互联网公司往往通过股权激励员工，激发组织活力。而在数字文明新时代，DAO（Decentralized Autonomous Organization，去中心化自治组织）治理模式将广泛流行，每个人都有机会参与虚拟世界的治理中。这能够在元宇宙用户众多的情况下实现元宇宙的公平、公正治理，推动元宇宙繁荣发展。

5. 规则创新

近年来，很多国家都针对互联网行业出台了相关的法律法规，这一方面可以促进数字经济发展，另一方面可以打击垄断行为，构建良好的互联网秩序。元宇宙作为有主权的数字空间，也需要具体的规则和秩序。在未来，也会有针对元宇宙的法律法规出现，而具体执行则需要依靠智能合约实现。

6. 经济模式创新

在新规则的影响下，元宇宙得以顺利发展，并逐渐建立起新的经济体系。元宇宙经济体系是去中心化的，并且与现实世界经济系统相联通。人们可以在其经济体系下进行创造并获得收益，积累虚拟资产，也可以将虚拟资产转化为现实中的货币。

未来数十年，元宇宙有望迎来发展的黄金阶段，构建新的数字文明。

第 2 章
技术原理：拆解构建元宇宙的核心技术

当前，市场中许多公司都对理想状态下的元宇宙进行了描绘。那么，元宇宙究竟怎样实现？实现元宇宙需要什么技术？元宇宙的实现依靠的不是某种单一的技术，而是多种先进技术的融合。其中，XR、网络通信、区块链、游戏引擎等都是构建元宇宙的核心技术。郑纬民院士提出："元宇宙可能会成为互联网发展的新方向。""元宇宙既包含数字经济中的 5G、人工智能、区块链、云计算、大数据，也融合了对 VR、AR、脑机接口、物联网等技术的前瞻布局。"

2.1　XR：打开元宇宙入口的"金钥匙"

元宇宙能够搭建起一个超级沉浸的虚拟世界，使人们能够通过虚拟化身在虚拟世界中自由活动。而在技术层面，XR 就是连接虚拟与现实，打开元宇宙入口的那一把钥匙。依托于 XR 交互设备，人们可以自由往返虚拟世界与现实世界之间，获得各种元宇宙体验。

2.1.1 XR：多种沉浸式技术的整合

XR是多种沉浸式技术的整合，包括VR、AR、MR（Mixed Reality，混合现实）等。从游戏到产品设计，XR能够使人们在虚拟环境中进行各种探索和创造。

其中，VR能够给用户提供一个完全虚拟的世界。通过VR头显，用户能够进入一个虚拟的三维场景中，获得拟真的沉浸式体验。同时，借助配合VR头显使用的手柄、手套、动作捕捉等设备，用户可以自由地在虚拟场景中进行互动。VR设备是元宇宙的重要组成部分，将改变人与人之间沟通、社交和工作的方式。

AR指的是将虚拟内容导入现实世界，在现实世界中呈现出立体、拟真的虚拟人物或场景。例如在手机AR的应用中，摄像头会抓取现实图像和三维模型，在现实场景中形成一个虚拟的立体效果，带给用户更多的真实感。

借助VR设备，用户进入的是一个由计算机模拟的虚拟世界。而AR和VR不同，AR不仅能够有效体现出真实世界的内容，也能够促使虚拟的信息内容显示出来。

用户体验的设计是AR发展过程中的重要挑战。要想覆盖更多的用户群体，AR设备就需要简化，并且使用效果应十分直观，能够让用户轻松地发现展现在现实世界中的虚拟内容。

如果企业能做到这些，那么AR就会改变更多人的生活和工作方式。例如，天猫在2021年4月上线了一座3D天猫家装城，体现了元宇宙的一种初级形态。商家可以在其中搭建3D购物空间，消费者则可以在其中实现“云逛街”。在这个3D购物空间里，消费者可以全方位查看家具的细节和搭配效果，也可以自由地布置家居场景。

MR指的是虚拟世界和现实世界融合后产生的新的可视化环境。在这个环境下，真实实体和虚拟实体能够共存，并且能够实时交互。在混合现实的环境里，当用户身处公园时，不仅能够伸手触碰到虚拟的花朵，还能够真实地闻到花香。同时，用户也可以对自己的生活环境进行定制，自由地在现实世界里叠加虚拟景象。

而作为以上技术的整合，XR 能够更真实地显示虚拟场景，人们能够和虚拟场景中的事物进行多样化的立体交互。借助多样的 XR 设备，用户可以看到虚拟的三维场景和虚实相融的三维场景，并且能够和其中的事物进行自由交互，获得更多的沉浸感。

2.1.2 交互升级，XR 引领数字交互创新

XR 技术在应用的过程中，能够融合多种交互技术，带给用户更加沉浸的虚拟世界体验。以其中的重要应用 VR 头显为例，其可以融合以下多种交互技术，如图 2–1 所示。

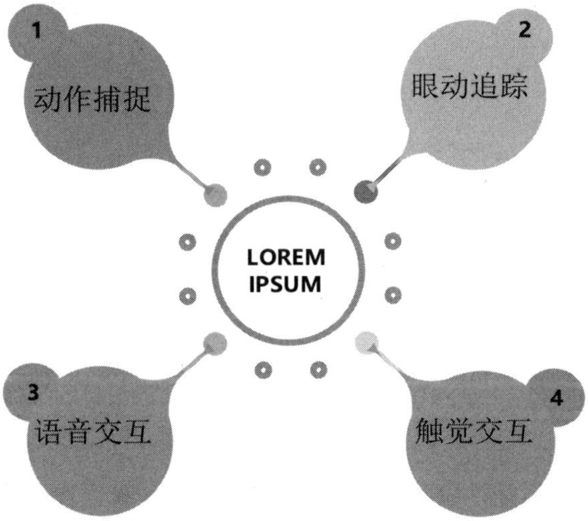

图 2-1　VR 头显融合的多种交互技术

1. 动作捕捉

为了实现真实世界和虚拟世界场景、人物的自然交互，VR 头显需要实现对人体动作的捕捉，包括对手势、表情和身体动作等的捕捉。

当前，动作捕捉的主流技术分为光学动作捕捉和非光学动作捕捉两类。光学动作捕捉通过追踪目标身上的光点实现动作捕捉。最常见的就是在目标身上贴上能够反射红外光的马克点，再通过摄像头对马克点进行追踪和捕捉。非光学动作捕捉包括惯性动作捕捉、机械动作捕捉、电磁动作捕捉等。其中，惯性动作捕捉基于IMU（Inertial Measurement Unit，惯性测量单元）实现对目标动作的捕捉。运作的逻辑是把集成了加速度计、陀螺仪、磁力计的IMU固定在目标骨骼节点上，通过对测量数值的计算完成动作捕捉。

2. 眼动追踪

眼动追踪的原理就是通过摄像头捕捉人眼和脸部的图像，然后依据算法实现脸部和眼部的检测、定位与跟踪，从而呈现目标的视线变化。当前，眼动追踪主要使用光谱成像、红外光谱成像两种图像处理方法，前者需要捕捉虹膜和巩膜间的轮廓，后者则需要捕捉瞳孔的轮廓。

3. 语音交互

语音交互是实现虚实交互的重要手段。语音交互系统包括语音识别和语义理解两大部分，包含了特征提取、模式匹配、模型训练等方面的技术。

4. 触觉交互

触觉交互技术是一种通过向目标施加某种力和振动等，让目标产生真实的沉浸感。其在游戏领域和虚拟训练中应用得较多。借助触觉交互技术，人们能够在虚拟世界中控制虚拟物体，和虚拟世界中的各种事物进行更真实的交互。

在以上技术的支持下，人们能够借助虚拟化身在元宇宙中获得更加真实的交互体验。虽然当前很多技术还在发展中，但随着元宇宙的发展，这些技术终将不断迭代，走向融合。

2.2　网络通信：5G 高性能网络奠定元宇宙运行底座

元宇宙的搭建离不开网络通信技术的支持，而 5G 则是实现元宇宙的催化剂。相比传统的 4G，5G 能够提供体验更佳、性能更高的网络，为元宇宙的运行奠定网络底座。

2.2.1　核心优势：5G 多方面提升网络性能

自 2019 年商用以来，5G 得到了越来越广泛的应用。工信部数据显示，截至 2022 年 5 月末，我国建设的 5G 基站达 170 万个，占移动基站总数的 16.7%。随着 5G 基站的建设，提供更加优质体验的 5G 网络也变得触手可及。那么，5G 究竟具有哪些优势？

相比 4G，5G 在传输速度、时延方面都会有质的飞跃。具体来说，5G 具有高速度、大带宽、低时延三个特征。

1. 高速度

高速度是 5G 最直观的表现，4G 的传输速度最快能达到 100Mbp/s，而 5G 的传输速度则能够达到 10Gb/s，理论上 5G 的传输速度比 4G 网络快约百倍。

2. 大带宽

大带宽是相对于此前带宽频度较低而言的。在 4G 网络下，太多设备接入或运行大型游戏时，可能会出现网络卡顿的问题。而 5G 的大带宽支持接入更多的设备和超大游戏的运行，能够为用户提供更流畅的网络体验。

3. 低时延

在数据传输的过程中，4G 有约 20ms 的时延，这是阻碍很多设备无法实现完全智能化的重要原因。而 5G 将时延压缩至 1ms。低时延的 5G 网络能够大大提高智能设备的反应速度，提高其运行效率。

5G 意味着更高速度、更强承载能力、更低时延的优质、稳定网络，8K 视频、云游戏、VR 应用等都能够在 5G 的支持下更好地运行。

5G 的发展能够推动元宇宙的建设并为用户提供更优质的元宇宙体验。当前，人们能够借助 VR 设备进入虚拟空间进行游戏、社交等，但往往会遇到游戏卡顿、眩晕等问题，而 5G 网络的应用能够很大程度上改善网络质量，解决以上问题。

同时，当前人们可以在虚拟世界中观看动感的演唱会、欣赏缤纷的景色，却无法获得逼真的触觉感受。而随着 5G 的落地应用，更多的智能设备将被研发出来，借助这些设备，人们能够在虚拟世界中体验到真实的触觉。

5G 能够为打造出提供真实触觉的触觉互联网提供网络支持。在触觉互联网中，人们能够自由对虚拟目标进行控制，如倒一杯水、在虚拟世界中踢足球等。这一功能的实现需要将大量的感官数据上传到智能穿戴设备中，从而模拟出真实的触觉感受。5G 网络能够保证海量数据的高速传输，形成更真实的触觉体验。

总之，无论是在元宇宙的搭建方面，还是在提升元宇宙体验方面，都离不开 5G 的支持。

2.2.2　赋能云计算，提供超强云端解决方案

云计算是一种基于互联网的计算技术。借助这种技术，共享的资源和信息可以按需提供给各种电脑、手机等电子设备，从而降低电子设备的计算压力。相比日常电子设备，云计算强大的算力能够给用户提供更流畅的

体验。元宇宙的运行离不开强大算力的支撑。元宇宙中的海量数据将引发算力需求的激增，而云计算将成为元宇宙发展的基础设施。

事实上，当前已经有很多企业已经看到了云计算对于元宇宙的重要作用。Epic Games 就收购了云计算与在线技术厂商 Cloudgine。Cloudgine 的核心优势就是为交互内容提供大规模计算能力。Epic Games 收购 Cloudgine，能够在很大程度上为旗下的游戏引擎赋能，从而创造出更精良的 VR 游戏。收购 Cloudgine 之后，Epic Games 整合了资源和技术，为虚幻引擎提供海量实时交互式内容的云计算能力。

5G 与云计算的结合能够为搭建更广阔的虚拟空间，甚至能为形成元宇宙提供算力支持。5G 的高速度、大带宽、低时延的三大特征将极大提升网络速度，形成高速、稳定的网络。在这种网络的支持下，云计算的可靠性和运转效率都会得到很大提升。

5G 与云计算的结合能够推动元宇宙的实现。一方面，“5G+ 云计算”将推动云游戏的发展。更优质的网络和更强大的云计算能力不仅能够优化玩家的游戏体验，还能够支撑云游戏虚拟空间的不断扩展，推动云游戏向元宇宙发展。另一方面，“5G+ 云计算”不只应用在游戏方面，还会推动体育、教育等多方面的云化，将更多的场景搬进虚拟世界，从而推动元宇宙多样生态的形成。

2.2.3　升级 XR 体验，带来发展新机遇

在 5G 未商用之前，市场中也出现了不少 AR 或 VR 设备，但由于其接入的是 4G 网络，卡顿、眩晕时有发生，在视频解码、沉浸式体验等方面难以为用户提供更好的体验。而 5G 的商用为 XR 设备的迭代带来新的契机。

2020 年 3 月，工信部发布《关于推动 5G 加快发展的通知》，其中指出要“鼓励基础电信企业通过套餐升级优惠、信用购机等举措，促进 5G 终端消费，加快用户向 5G 迁移。推广 5G+VR/AR、赛事直播、游戏娱乐、虚拟购物等应用，促进新型信息消费。鼓励基础电信企业、广电传媒企业

和内容提供商等加强协作，丰富教育、传媒、娱乐等领域的4K/8K、VR/AR等新型多媒体内容源”。由此可见，XR领域是5G的重要应用场景。

以发展的目光来看，5G能够破解XR发展的两大瓶颈。

一方面，5G的商用意味着曾经困扰XR大规模商用的难题被破解了。当前很多XR应用都是基于XR终端运行的，这使得XR设备十分笨重，成本也居高不下。而在5G的支持下，更普遍的云服务和更高性能的芯片将成为可能，XR将突破终端限制进入云时代。XR应用产生的大量数据可以借助5G网络进行高速度、低时延的传输，同时密集计算任务部分也可以通过5G网络的边缘计算中心进行协作计算。此外，随着云计算和芯片技术的进步，XR设备也将实现轻量化，硬件成本也会逐步下降，最终实现XR设备的大规模普及。

另一方面，依托5G，XR能够和各行业相结合，将人们带入一个虚实结合的沉浸式新时代。例如在游戏中，玩家可以自由地探索、开疆拓土，建立自己的城堡；在社交时，身处世界各地的人们都可以以虚拟形象相聚于虚拟世界中，参加虚拟派对、虚拟竞赛等；在观看直播时，人们可以如同在现场一样，自由地选择不同的视角观看体育赛事或演唱会；在旅游时，人们足不出户就可以身临其境般地游览祖国的大好山河。在这个虚拟结合的新时代中，人们可以以自己的虚拟形象生活在元宇宙中。同时，人们在现实世界和虚拟世界的行为能够实现同步反映、虚实联动。

随着5G的普及，XR将迎来变革的机遇。过去几年，XR在一些领域有了一些示范性应用，但大规模的商业应用并不多。但可以预见的是，XR将成为5G应用的“头号玩家”，开启巨大的想象空间。

2.3　区块链：搭建元宇宙去中心化环境

在元宇宙中，人们可以拥有唯一的数字身份，进行各种数字创造和交易。那么，在完全虚拟的世界里，人们活动的安全性如何得到保障？区块链能够提供一种去中心化的运行规则，为元宇宙中的各种活动提供安全、可靠的环境。

2.3.1　原理解析：以技术拆解区块链

天津大学智能与计算学部主任、IEEE Fellow（国际电气和电子工程师协会会士）李克秋教授及其团队打造了智能区块链系统——海河智链，助力天津打造新型信息基础设施，筑牢数智底座。海河智链面向网络货运、融资租赁等天津特色产业开展区块链赋能推广，取得众多成果及业绩。在交流的过程中，李教授借助神话故事，传神地向笔者讲述了区块链相关知识。

希腊神话中的时序女神荷赖是掌管气候变迁、植物生长和社会法律秩序的三位守护女神的总称。区块链就像是元宇宙世界的荷赖女神，可以通过智能合约让虚实世界之间按规则相互映射，让万物万事按照可溯的路线演进发展。时序三女神分别掌管不同秩序，既可以对元宇宙中场景、身份、花草树木等一切数字元素赋能，又可以相互达成共识以保证元宇宙永续存在。区块链可谓是元宇宙不可或缺的关键技术。

在 2022 年 7 月 28 日举行的元宇宙支撑技术与场景驱动论坛上，李教授做了《区块链支撑元宇宙》的报告。他指出，随着元宇宙的发展，对区块链也提出了更高要求，也指出了海河智链后续发展的方向：跨链互通、性能升级、标准引领及监管治理，如图 2–2 所示。

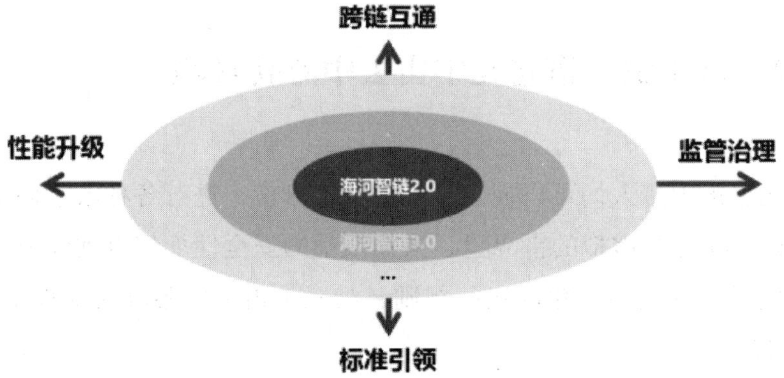

图 2-2　海河智链的发展方向

从本质上来看，区块链是一个分布式存储的共享数据库，其具有四项主要技术，如图 2–3 所示。

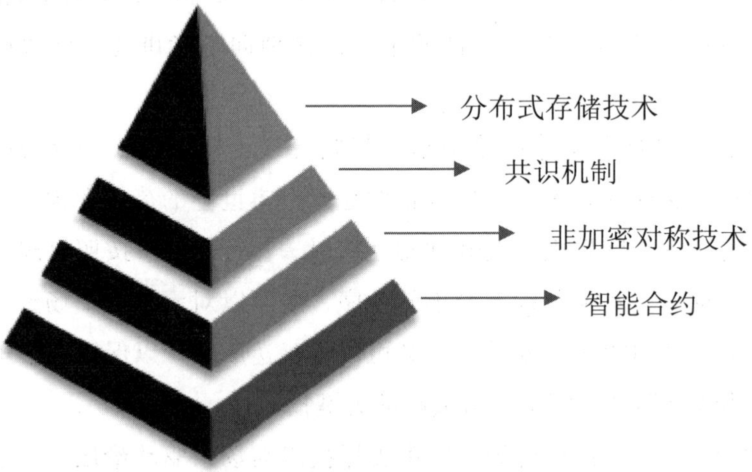

图 2-3　区块链的四项主要技术

1. 分布式存储技术

分布式存储技术是一种点到点的存储技术，不依赖于服务器进行存储。这既提升了数据存储的效率，又能够保证数据存储的安全性。分布式存储技术意味着中心化的记账节点不复存在，可以实现多节点共同记账。同时，每一个节点账本数据的变化都会同步到其他账本中，能够有效实现存储数据共享。这有效解决了单一记账节点被控制的问题。

2. 共识机制

共识机制指的是通过对特定节点的投票，在短时间内完成对数据的验证和确认。在共同记账的过程中，单一节点的账算得是否正确需要进行验证，验证需要基于明确的规则，而共识机制就是这种规则。只有共识机制确认后，各节点才能够实现共同记账。通过共识机制，区块链能够解决陌生人之间的信任问题。用户可以通过数据、规则确认交易的真实性，从而达成交易。

3. 非加密对称技术

非加密对称技术能够实现用户在加密和解密的过程中使用不同的密钥。用户拥有公钥与私钥两种密钥，公钥用于加密，私钥用于解密。其中，公钥是可以公开的，而私钥由用户自己保存。在发送加密信息的过程中，其他用户可以利用特定用户的公钥加密信息，然后发送给该用户，而该用户可以用独有的私钥对该加密信息进行解密，从而获取信息。由公钥加密的信息只能由对应的私钥解密，对于没有私钥的其他人来说，该加密内容是不可读的。这大大保证了数据传输的安全性。

4. 智能合约

智能合约以代码的形式在区块链中运行，一旦合约中的某个条款被触发，合约就会自动执行。这能够破解数字交易中的信任问题。在传统交易模式中，如果出现了违约情况，就需要进行相应的赔付，一旦违约方毁约，则另一方很难获得应得的赔付。

而在区块链中进行交易时，交易双方可以事先约定合同履行完毕的节点、出现违约情况的具体赔付条件等。在合同履行的过程中，一旦触发约定时的条件，系统就会自动执行之后的程序，从而保证合同的顺利执行。

2.3.2　提供支持：实现元宇宙的去中心化运行

在多项技术的支撑下，区块链能够为元宇宙的去中心化运行提供底层支撑。具体而言，区块链能够从以下几个方面推动元宇宙的发展。

1. 实现数据的去中心化存储

区块链技术能够实现元宇宙去中心化运行，大大保证用户的安全。当前，随着信息传播速度的加快，人们隐私暴露的可能性也越来越高。一旦个人信息被泄露或滥用，就会对人们的日常生活造成困扰，甚至会影响人们的财产和生命安全。而这样的问题在元宇宙中会更加明显。在元宇宙中，用户的身份和资产等都是以数字化的形式存在的，一旦个人信息被泄露，那么用户在元宇宙中的资产安全也无法保障。

而区块链能够保证数据的去中心化存储，同时，在其上的数据不会被篡改，数据的传递也能够被追溯。这能够保证用户的数据归个人所有，任何人不能篡改，也不能随意使用。并且，如果其他人想要使用用户的个人信息，必须得到对方的授权，这进一步保障了用户的数据安全。

2. 规则公开化

元宇宙中存在与现实世界相似的运行规则，如果这些规则不透明，那么就会存在暗箱操作的风险，损害用户的权益。而区块链技术能够很好地解决这一问题。以交易为例，区块链中的交易不依赖任何中心机构，其通过智能合约的方式进行，即交易双方事先约定好交易规则，一旦相关条件被触发，交易就会被自动执行，避免了暗箱操作的风险。同时，区块链中的交易是公开透明的，任何交易方都可以查看交易进度，回顾交易流程。这样一来，元宇宙中的种种交易就可以在区块链的保障下，实现公平公正、安全可靠。

3. 为数字资产的流转提供支持

可信的资产价值是元宇宙的重要组成部分。在元宇宙中不存在中心化的机构，每个用户都是元宇宙的重要参与者。这使得元宇宙需要在去中心化的背景下实现资产价值认证。这一功能的实现离不开区块链技术的支持。区块链技术支持下的 NFT 为元宇宙中的资产价值确认和资产流转提供了解决方案。

NFT 是存储在区块链上的数据单元，具有不可篡改且独一无二的特点。其不可篡改的特征表明 NFT 的每一次流转都会被记录，清晰可查。而独一无二则表明了每一个 NFT 都是不可替代的。

NFT 对于元宇宙十分重要。一方面，NFT 可以实现虚拟物品的资产化。在传统互联网中，虚拟资产的价值往往难以明确，交易的范围也十分有限。而被 NFT 赋能后的虚拟资产有了新的所有权确认体系，并且能够在多个区块链平台中进行交易。另一方面，NFT 与实体产品的联动，将成为传统企业进入元宇宙的有效手段。

元宇宙可以实现这样的设想：当用户在现实生活中购买了一辆汽车，那么他也会在元宇宙中收获一辆同样的汽车。事实上，这样奇幻的事情已经在现实中实现。2021 年 11 月，数字收藏品平台 ENVOY Network 推出了兰博基尼 Aventador SV 的 NFT 艺术品 Wen Lambo。除了获得该 NFT 外，买家还将获得一辆定制喷漆兰博基尼汽车。

也许现在这位买家还不能开着这辆酷炫的兰博基尼在元宇宙中畅游，但这个场景在未来一定会实现。未来，不仅是兰博基尼，任何现实世界中的资产都可能通过 NFT 转化为数字资产。

交易是社交的重要内容，也是元宇宙中的重要活动之一。能够将现实世界所有生产、生活方式完美复刻的元宇宙需要一种安全、高效的支付方式，以保证用户交易的安全。区块链作为安全可靠的去中心化账本，能够满足资产数字化的要求，同时在即时交易和可信度方面也十分具有优势，将为元宇宙经济体系的建立提供重要支持。

2.4 游戏引擎：始于游戏，瞄向元宇宙新场景

游戏引擎是游戏世界搭建的重要技术，但其应用却不止于游戏。在元宇宙领域，游戏引擎依旧是搭建虚拟世界、赋能用户创造的重要工具。

2.4.1 现实世界虚拟化：将现实场景搬进虚拟世界

元宇宙中的虚拟世界包含奇幻、丰富的虚拟场景，甚至将现实世界中的场景搬进虚拟世界中。在元宇宙世界搭建的过程中，游戏引擎是其中的关键技术。

在搭建虚拟场景时，游戏引擎可以解决两个难点，分别是对物理规则的模拟和对光影色彩的高度还原。游戏引擎也在不断地升级迭代，展现更真实的实时渲染效果。在游戏引擎技术方面享有盛名的 Epic Games 始终致力于研发更先进的游戏引擎，并在 2021 年 5 月推出了升级后的虚幻引擎 5。升级后的引擎在实时渲染方面的能力进一步增强，所创造出来的场景也更加真实。

同时，借助搭载的动态全局光照解决方案，虚幻引擎 5 能够对光照变化做出实时反应，并且无须专门的光线追踪硬件。在该技术的支持下，当创作者改变场景中的日照角度时，系统也会实时调整场景中的光影效果，使场景始终真实自然。

此外，游戏引擎还需要面向开发者，优化开发流程，降低开发门槛。例如，游戏引擎中可以加入更多的模块化功能，让开发者可以直接使用。在这方面，英伟达的实时协作模拟平台 Omniverse 就推出了 Audio2face 功能，可以根据音频智能生成和真人发声时一样的口型，避免了开发者调整

面部动作的麻烦。

同时，在开发流程中，开发者往往会使用不同的建模软件，但这些建模软件的数据格式并不相同，同步起来十分麻烦。为解决这个问题，Omniverse 平台支持各大建模软件通用的 USD（通用场景描述）数据格式，能够对接各种独立的游戏引擎和建模软件，使这些软件可以在平台上互联互通，交换建模、着色、动画、渲染等信息。

作为构建元宇宙的基础工具，未来，游戏引擎将继续朝着性能优化、操作简捷的方向发展，赋能开发者的创造活动。

2.4.2 赋能用户创造：将用户的创意转化为内容

2021 年 3 月，沙盒游戏公司 Roblox 将元宇宙写进了招股书，引发了市场的巨大反响。上市之前，公司估值约为 300 亿美元，而在上市首日收盘后，其市值突破 380 亿美元。此后，头顶“元宇宙第一股”的标签，Roblox 的市值一路上涨。

为什么 Roblox 能够获得资本的关注和青睐？ Roblox 打造了一个大型多人在线游戏创作平台，支持玩家设计游戏世界中的玩法、物品、服饰等，同时玩家可以体验其他玩家开发的各种新游戏。依托其 UGC 游戏创作功能，Roblox 支持广大用户进行游戏创作。

UGC 模式是元宇宙内容产出的一种主要模式。仅凭各大服务商提供的 PGC 内容，难以撑起元宇宙不断丰富、不断发展的内容需求，只有融入 UGC 模式，才能够引爆内容。这对于元宇宙的持续发展来说是十分重要的。而游戏引擎就提供了一种 UGC 内容的落地方案，用户可以借助游戏引擎自由地进行内容创作。

Roblox 为用户提供了简易的游戏引擎，用户可以轻松地搭建虚拟空间，设计游戏的玩法、道具等，制作相对简单的游戏。虽然一些人认为 Roblox 中的很多游戏都有些粗糙，形式也相对简单，但不可否认的是，Roblox 提供的简单易用的创作工具，让更多用户能够参与内容创作中来。

Roblox 实现了内容的爆发式增长，形成了多样的内容生态。

总之，低门槛的游戏引擎技术是吸引用户创作、搭建 UGC 生态的重要工具。以 UGC 生态打造 UGC 社区，更能形成元宇宙的生态雏形。

第 3 章

产业新生态：企业与政府共同卡位新赛道

随着元宇宙的发展，其产业生态逐渐完善。不仅各大科技企业积极布局元宇宙产业各环节，推动元宇宙产业化发展，各地政府也出台了很多元宇宙扶持政策，为元宇宙领域的科研、产品应用、企业创业等提供助力。企业与政府的共同发力将推动元宇宙产业的持续发展。

3.1 元宇宙产业化发展的核心力量

当前，在元宇宙产业化发展的过程中，涌现出了多股力量。一些在技术方面占据优势的科技企业依托各项先进技术为元宇宙产业化发展提供技术支撑，而一些以内容打造为主要业务的公司开始尝试创新元宇宙内容。此外，各地政府也表示了对元宇宙的积极态度，这为元宇宙产业的繁荣奠定了政策基础。

3.1.1 技术支撑力量：元宇宙相关技术不断迭代

在元宇宙产业形成并发展的过程中，技术是支撑元宇宙产业实现多领域发展的核心力量。在这方面，许多科技巨头都做出了自己的努力。

以社交巨头Meta为例，其在元宇宙领域早有布局，凭借技术优势，其已经成为元宇宙领域的“头号玩家”。Meta曾斥巨资收购生产高性能VR头显设备的虚拟现实公司Oculus，并从VR设备方向发力，推出了VR头显设备Oculus Quest 2，获得了不错的销量。而在元宇宙兴起之后，Meta创始人马克·扎克伯格表示公司未来会持续聚焦元宇宙领域，研发新的Oculus高端XR头显和全功能AR眼镜。

Meta对于元宇宙的看好并不是个例，作为元宇宙领域中的主要玩家，众多科技巨头都纷纷发力元宇宙。对于这些巨头而言，技术的强势是其进军元宇宙的筹码。在国外，Meta凭借VR技术优势布局元宇宙，而在国内，也有诸多科技巨头将发展的目光瞄向了元宇宙，百度就是其中的翘楚。

VR是进入元宇宙的入口，也是元宇宙构建的承载者，而在AI技术的赋能下，VR产业具有无限发展可能。凭借先进的AI技术，百度推出了基于百度AI核心技术引擎“百度大脑”的VR 2.0产业化平台。

VR 2.0产业化平台以百度智能语言技术、知识图谱技术、智能视觉技术等组成AI能力矩阵，同时接入了素材理解、内容生产、感知交互等技术中台，以提供开发者套件的形式进行开放。其中的VR内容平台会进行素材采集、编辑管理、内容分发等，让内容消费通路更加顺畅，VR交互平台则聚焦虚拟场景、虚拟化身、多人交互等，探索可视化信息在元宇宙中的更多可能。在应用方面，VR 2.0产业化平台能够提供涉及教育、营销、工业等诸多场景的VR解决方案。百度以VR 2.0产业化平台向行业提供开源平台和开放的技术，为元宇宙的形成和发展搭建基础。

除了Meta和百度外，华为、微软、谷歌等科技巨头也纷纷在技术方面发力，逐鹿元宇宙领域。技术研发是元宇宙搭建的核心动力，而这些科技巨头自然也成为元宇宙领域的先锋。

3.1.2 内容支撑力量：展现丰富的虚拟现实内容

除了专注技术研发外，一些企业依托自己在内容方面的优势，积极尝试打造元宇宙内容。这无疑为元宇宙的落地应用提供了更多场景。

2020 年 4 月，美国说唱歌手特拉维斯·斯科特在游戏《堡垒之夜》里举办了一场天马行空的沉浸式演唱会，吸引了超过 1200 万名玩家现场观看。

演唱会开场时，斯科特化身巨人，如同一颗流星一样从宇宙中落向舞台，场面十分壮观。

接着，流星交错、烟花绽放，在不断变幻的绚丽场景中，演唱会正式开始。随着演唱曲目的变化，场景再次变化，玩家们或在太空遨游，或猛然沉入海底。在动感的音乐中，场景也在同步变化，给玩家带来了听觉与视觉的双重享受，使玩家自然地沉浸在虚幻的场景中。最终，随着最后一句歌声的飘散，空中飘浮的球体猛然爆炸，演唱会也在玩家的欢呼声中落下帷幕。

这样奇幻、瑰丽的演唱会在现实中是难以实现的，但 Epic Games 却凭借强大的虚幻引擎技术，将体量庞大的演唱会搬到了游戏中。

Epic Games 以虚幻引擎作为打造虚拟世界的工具，以旗下游戏《堡垒之夜》作为展现虚拟世界的平台，创造出了丰富多样的内容，并以此作为入局元宇宙的“船票”。

在运营《堡垒之夜》的过程中，Epic Games 一方面进行了高频率、高水准的内容更新，另一方面不断从多方面扩展游戏的边界，融入了虚拟演唱会、虚拟聚会等多种玩法，使游戏能够长期保持活力和吸引力，稳步迈向元宇宙。

除了 Epic Games 外，中青宝、完美世界等诸多企业都在立足于自身游戏业务的基础上，加紧内容研发，融入元宇宙相关元素，以期为玩家提供更丰富的体验。这些内容型公司往往拥有庞大的用户基础和强大的内容生产能力，同时其此前搭建的虚拟世界也成为孕育元宇宙的温床。在不断升级技术、不断创新内容体验的过程中，这些公司将会产出更具创造性、提供沉浸式体验、连通虚拟与现实的内容。因此，提供元宇宙内容的企业也是元宇宙赛道中不可忽视的一股力量。

3.1.3 政策支持：多地政府发布政策，看好元宇宙

元宇宙不仅会影响人们的游戏、社交体验，也是推动经济发展和城市数字化转型的重要力量。因此，元宇宙受到了多地政府的关注。截至 2022 年 6 月，上海、广州、厦门等十余地政府表示了对元宇宙的积极态度。

1. 上海

2021 年 12 月，上海市委经济工作会议表示，要“引导企业加紧研究未来虚拟世界与现实社会相交互的重要平台，适时布局切入”。这成为我国各地政府对元宇宙的第一次正面表态。12 月末，上海市发布《上海市电子信息产业发展“十四五”规划》(以下简称《规划》)。该《规划》表示，上海要前瞻布局量子计算、6G 通信、元宇宙等领域，支持元宇宙相关技术的攻关，鼓励元宇宙在公共服务、社交娱乐、工业制造等领域的应用。该政策表现了上海对元宇宙产业发展的积极引导。

2. 广州

2022 年 4 月，广州市黄埔区发布了《广州市黄埔区、广州开发区促进元宇宙创新发展办法》(以下简称《办法》)。该《办法》为元宇宙专项扶持政策，聚焦元宇宙发展所需的人机交互、XR 等领域，推动元宇宙的产业化应用。

根据该《办法》，黄埔区、广州开发区将引进并培育一批在元宇宙技术、平台搭建等方面具有领先优势的领军企业，并为其发放租房补贴、购置办公用房补贴等。同时，在人才引流方面，黄埔区、广州开发区将分类、分层对不同人才给予不同程度的补贴。

3. 厦门

2022 年 3 月，《厦门市元宇宙产业发展三年行动计划（2022—2024 年）》(以下简称《行动计划》) 发布。该《行动计划》提出，厦门将以元

宇宙发展机遇为契机，打造“元宇宙生态样板城市”。

按照《行动计划》，厦门将开展以下几项重点行动。

（1）基础研究攻关行动：积极推进研发工作和创新平台建设。

（2）应用场景构建行动：推进科研院所和企业的合作，打造元宇宙应用平台，推动虚拟数字人在城市管理、民生服务等领域的应用。

（3）企业引培发展行动：服务一批元宇宙技术研发领先企业，组建元宇宙产业联盟；加大对元宇宙领军企业的引入；引导企业探索元宇宙相关技术与应用，为企业开放应用场景。

（4）产业生态构建行动：积极推进元宇宙人才引入、投融资服务体系完善等方面的工作，提升行业配套服务水平。

（5）监管治理提升行动：对元宇宙应用进行规范与指导。

元宇宙的发展离不开政策的支持。在各地元宇宙扶持政策的支持下，企业的技术研发、应用实践等活动才能够更顺利地开展，元宇宙产业化发展才能够得到有力推动。

3.2 元宇宙产业链层层递进，完善产业生态

发展至今，元宇宙形成了较为完善的产业链。元宇宙产业链可以分为四个层次，分别是基础设施层、硬件设备层、系统软件层、服务应用层。各层次协同发展，推动了元宇宙产业生态的繁荣。

3.2.1 基础设施层：搭建元宇宙产业发展底座

元宇宙的基础设施层包括通信网络、算力等支撑元宇宙运行的底层技术。这些技术的发展为元宇宙相关技术的发展奠定了基础。

1. 通信网络

通信网络基础设施包括光纤通信、移动通信、Wi-Fi 等多类型系统设施，为元宇宙的数据互联、交互提供连接保障。以 5G 移动通信技术为例，基于 5G 的增强型移动宽带、可靠低时延和广泛物联等特性，其能够为元宇宙应用提供可靠的连接基础。

自 5G 商用以来，其基础设施建设持续加速。同时，《“十四五”信息通信行业发展规划》中提到，到 2025 年，每万人拥有 5G 基站数量有望达到 26 个。这能够为元宇宙相关创新应用的研发奠定网络底座。

当前，三大运营商都在通过基础设施赋能元宇宙。三大运营商 2021 年上半年财报显示，在 5G 基站方面，中国移动已累计开通基站 50 万个。而中国联通披露的数据显示，其与中国电信合作，累计开通 5G 基站达 46 万个。以此计算，截至 2021 年上半年，三大运营商开通 5G 基站达 96 万个。

同时，2021 年 11 月，中国移动通信联合会成立元宇宙产业委员会，这是国内首家元宇宙行业协会，成员包括中国移动、中国联通、中国电信等。随后，中国电信宣布，其将以元宇宙新型基础设施建设者的身份，依托创新应用成果开启 2022 年“盘古计划”，发力元宇宙赛道，推动 5G 在元宇宙领域的应用。

2. 算力

算力基础设施能够为元宇宙相关的虚拟数字人、虚拟课堂等应用提供数据挖掘、分析的算力底座，能够凭借数据智能计算中心实现云计算、边缘计算、分布式存储等功能。在元宇宙算力基础设施方面，国外科技巨头英伟达做出了积极部署。英伟达提出了“GPU（图形处理器）+CPU（中央处理器）+DPU（中央处理器分散处理单元）”为一体的数据中心计算架构，并构建 Omniverse 数据中心，为 VR、机器人等方面的研发提供算力支持。

搭建起元宇宙的底层架构和基础设施，元宇宙才得以发展，其服务应用才能够向更多场景蔓延。

3.2.2　硬件设备层：搭建连接虚拟与现实的机械入口

元宇宙的硬件设备层主要包括各种 XR 设备，为人们进入元宇宙提供机械入口。其中，按消费对象来划分，元宇宙硬件设备分为面向普通用户的消费类设备和面向企业的工业级非消费类设备。

在消费类设备方面，Meta 表现得十分亮眼。除了广受市场好评的 Oculus Quest 系列 VR 设备外，其旗下的虚拟现实实验室推出了十分智能的触觉手套。这款手套使得接触元宇宙变成现实：当用户拿起一块虚拟拼图时，能够清晰地感觉到拼图已经在自己手上了。

其中最大的难题就是触觉是真实的，但拼图却是虚拟的，那么真实的触觉是怎样产生的？这得益于触觉手套包含了很多先进的人机交互技术。

其一，因为无法在虚拟世界中完全重现现实世界的物理特性，所以触觉手套将听觉、视觉、触觉反馈结合在一起，使用户能够感觉到物体的重量。其二，借助先进的手部跟踪技术，触觉手套能够精准识别手在虚拟世界中的位置、是否与虚拟物体接触等。其三，触觉手套中搭载的触觉渲染器能够凭借对手的位置和所接触虚拟物体的属性的理解，向触觉手套中的执行器发送精确的指令，以形成真实的触感。

相对于消费类设备，非消费类设备往往价格更高，其针对的主要是企业。相对于价格，企业更加看重的是设备的性能。例如一些3D激光扫描器能高精度扫描商场、建筑物、室内环境等，价格也十分高昂。但这对于企业的布局和元宇宙的搭建是十分重要的，元宇宙不是虚无的，其很多场景都是对现实场景的映射，所以这部分工具会显得十分重要。强大的工具会增强元宇宙的拟真性，甚至会形成一个基于现实世界的数字孪生世界，而这样的世界也会带给用户更高的沉浸感。

沉浸式体验是元宇宙永恒的课题，想要实现更强的沉浸感就需要更强大、更高性能的设备。未来，元宇宙的消费类设备将会变得更智能、更便携，而非消费类设备也会实现性能的不断飞跃。

3.2.3 系统软件层：提供元宇宙硬件设备运行的软件支撑

如果没有系统软件的支撑，元宇宙相关的硬件设备就无法运行。因此，系统软件层也是元宇宙产业链中必不可少的一环。其能够为硬件设备功能的实现、用户的内容创作等提供智能支持。

元宇宙的系统软件层包括Android、Windows、UI（User Interface，用户界面）等系统软件，以及开发引擎、建模工具、渲染软件等应用软件。系统软件是XR设备的核心驱动力，而应用软件则能够为用户的建模、交互设计等提供支持。

Android、Windows是两大主流操作系统。其中，VR一体机的操作系统被Android所主导，包括一些品牌机型在内的大部分操作系统都是在Android基础上进行定制的；而VR分体机则主要依靠主机操作系统

Windows MR。

很多著名的技术厂商都在应用软件方面有所作用。以开发引擎为例，现阶段业内知名的引擎分别为 Epic Games 公司旗下的 Unreal 以及实时 3D 内容创作平台 Unity。两个开发引擎都已实现很多大型游戏的成功开发，在影视渲染、光影效果的体现上，都十分逼真。

此外，腾讯、网易等推出了自用引擎，市面上也出现了 Cocos、白鹭等通用型引擎。虽然这些引擎在性能和渲染效果上还存在进步空间，但也说明越来越多的企业开始关注元宇宙领域的软件研发，进入这一领域的企业也越来越多。

3.2.4　服务应用层：应用产品多领域渗透

在服务应用方面，当前元宇宙应用已经遍及多个领域。整体来看，根据受众的不同，元宇宙应用可以分为三类，分别是面向个人的应用、面向企业的应用、面向政府的应用。

1. 面向个人的应用

当前许多科技巨头都推出了面向个人用户的元宇宙游戏产品、元宇宙社交产品，支持用户在其中进行元宇宙体验、内容创造以及虚拟消费。这些产品为海量用户提供了元宇宙体验途径，也为企业打通了新的营收渠道。

例如，元宇宙市场中的新星 Roblox 在全球范围内拥有数千万用户。其官方数据显示，2022 年 5 月，Roblox 的月活跃用户达 5040 万。虽然 Roblox 的用户以青少年为主，用户购买道具的平均消费水平并不高，但在庞大用户基数的支撑下，依旧能够获得巨额收益。

2. 面向企业的应用

面向企业的应用指的是元宇宙在工业制造、教育、金融等行业的应用。以工业制造行业为例，元宇宙与工业制造领域的结合将推动工业元宇宙的形成与发展。

工业元宇宙提供了一种虚实结合的工业互联网交互模式，能够实现开放协作的产业形态。工业元宇宙注重可视化和调优性，除了能够搭建虚拟场景外，还能够通过在虚拟场景中的协作解决工业生产中的实际问题。

微软瞄准工业元宇宙赋能企业生产，在工业元宇宙方面做出了积极探索。2022 年 5 月，微软与工业机器人领域的领先企业川崎重工达成合作，为其提供工业元宇宙服务。川崎重工可以借助微软云计算平台 Microsoft Azure、混合显示耳机 HoloLens 等产品，进行生产协作、维修和供应链管理。以往，工业开发、设计、测试的很多环节都是在现实生活中进行的，而借助微软提供的平台和工具，川崎重工的技术开发人员可以在虚拟世界中进行从工业设计到产品测试的全流程。

3. 面向政府的应用

在政府应用方面，元宇宙与政务的结合将加速政务数字化的进程。当前，可视化大屏、一网通办等技术使得政务服务更加便捷，但同样存在交互感不强的技术局限。而元宇宙政务服务能够打破屏幕限制，提供新的交互模式。

当前，已经有不少城市的政务服务大厅、城市文旅等场景中融入了元宇宙应用场景，推出了集专业性与人性化于一身的服务型虚拟数字人。这些应用不仅能够提升城市服务能力，还能够为用户提供更好的服务体验。

随着元宇宙的发展，其应用将从多方面覆盖人们的生活。元宇宙不仅能够赋能工业生产、教育培训等传统行业，还将在长期发展中催生新的行业，深刻变革人们的生活方式。

3.3　未来趋势：动作不断，企业与政府走向联合

企业与政府都是推动元宇宙产业发展的重要力量，在双方的推动下，元宇宙产业将逐渐走向联合。这种联合体现在两个方面：一是借助产业平台，实现企业与企业间的联合；二是通过政策引进的方式，实现企业与政府的合作。

3.3.1　企业以产业平台联合，共同发展

元宇宙产业链包括多个环节，这意味着完成一个元宇宙项目往往需要多环节企业的共同努力。在元宇宙项目搭建、新产品研发的过程中，企业与企业间的联合将成为常态。当前，市场中已经出现了不少与元宇宙相关的产业平台，这些平台能够凝聚产业能量，为企业间的合作提供资源支持。

2021 年 11 月，元宇宙产业委员会成立。元宇宙产业委员会致力于元宇宙产业化及产业元宇宙化发展，将不断推进元宇宙应用的研发与落地。

元宇宙产业委员会成立之后不久，公布了首批成员名单，其中包括深圳中青宝互动网络股份有限公司、天下秀数字科技（集团）股份有限公司等 8 家上市公司，均为在元宇宙领域拥有技术或产品优势、具有较大发展潜力的企业。

除了元宇宙产业委员会外，2022 年 6 月，由中国电信主导，广东省电信规划设计院有限公司、（燧光）广东虚拟现实科技有限公司、广东亿迅科技有限公司联合打造的元宇宙产业能力基地正式落成。该基地致力于打造标杆示范型元宇宙项目，拓展元宇宙业务。

具体而言，该基地将“5G+XR”作为技术底座，搭建具备技术能力、

产品能力、服务能力的企业级元宇宙能力生态平台，并为工业生产、教育、医疗、安保等多领域提供产业元宇宙解决方案，赋能未来城市建设的方方面面。

当前，市场中元宇宙产业平台越来越多，企业从单打独斗走向元宇宙共建已经成为趋势。在发展过程中，这些元宇宙产业平台将吸纳更多的企业加入，汇聚更多先进技术，加速元宇宙创新进程。同时，各企业也能够借助产业平台开展元宇宙业务，以平台技术、解决方案等优势发展元宇宙项目，最终推进元宇宙产业繁荣发展。

3.3.2 企业与政府合作，实践进程加快

当前，不少地方政府都推出了支持元宇宙发展的扶持政策，以创业资金支持、租金减免等政策吸引企业在本地创建元宇宙研发基地，开展元宇宙应用项目。企业与政府的合作将推动区域内元宇宙产业链的融合与发展。

2021年末，三亚市政府与网易签订了合作协议。根据协议，网易将在三亚设立海南总部，建设元宇宙产业基地项目。

凭借多年的发展，网易在元宇宙技术、人才等方面已经有了较为深厚的积累。在VR、AR、人工智能、云游戏、区块链等元宇宙相关领域，网易拥有领先的技术水平，并已经推出了“瑶台”沉浸式活动系统、虚拟主播等元宇宙相关产品。元宇宙产业基地项目落地三亚后，网易将继续积极进行元宇宙相关实践，同时推进新产品在多场景中的应用。

除了三亚外，厦门也在政企合作方面做出了初步成果。2022年5月，元宇宙产业人才基地在厦门火炬人工智能专业孵化器揭牌设立。该基地由厦门火炬高新区管委会、厦门市委人才工作领导小组办公室等单位指导，由黑镜科技、蚂蚁特工、数贝云集等30多家企业和机构共建。同时，工信部人才交流中心、厦门市云大物智数据研究院等单位为其提供专业指导。

元宇宙产业人才基地聚焦元宇宙产业人才需求，致力于高层次人才的培育。元宇宙产业人才基地将聚焦 XR、区块链、3D 引擎、云计算等元宇宙核心技术领域，实施产业人才培育发展计划。具体而言，基地共建单位的负责人、工程师等将作为授课导师，结合元宇宙产业实际情况开发课程，为元宇宙人才授课，以提升人才与元宇宙产业的适配度。

同时，元宇宙产业人才基地也是一个汇聚各方资源的平台，各企业借助这个平台，可以相互交流、合作，实现共同发展。

政企合作成为元宇宙产业不断发展的重要推动力量。当前，已经有不少政企合作案例为后来者提供了借鉴与参考。未来，产业中将会涌现出更多的政企合作案例，不断推进元宇宙产业链的发展、完善。

第 4 章
市场新蓝海：元宇宙开辟巨大市场空间

经过数十年的发展，互联网市场的发展空间已经逐渐见顶，各大互联网企业都在积极探索未来发展的新赛道。而元宇宙的出现展现出了虚拟空间的巨大价值。在这一趋势下，越来越多的互联网企业将发展的目光瞄向了元宇宙，通过多方布局积累竞争优势。此外，受市场影响，一些元宇宙领域的新秀企业也获得了投资，迎来了发展的黄金时期。

4.1 商业机遇：虚拟空间潜力无限

元宇宙领域潜藏着很多商业机遇。一方面，互联网行业中现有的商业模式可以搬进虚拟世界，打开更广阔的盈利空间；另一方面，元宇宙虚拟世界的繁荣将衍生新的商业模式、新的就业机会，拥有无限潜力。

4.1.1 元宇宙打开互联网发展新空间

当前，互联网的红利期正在逐渐消退，以往乘着互联网的东风飞速发展的互联网企业也陷入了增长困境。具体而言，这种困境主要体现在以下两个方面。

第一，在市场空间方面，随着互联网普及率的不断提升，互联网用户规模已经非常稳定，增长态势也趋于平稳。中国互联网络信息中心的数据显示，截至 2021 年 6 月，我国网民规模达 10.11 亿，互联网普及率达 71.6%。同时，截至 2021 年 6 月，我国手机网民规模达 10.07 亿，网民使用手机上网的比例为 99.6%。这意味着，互联网的流量增长空间几乎已经触顶。

第二，在内容方面，互联网上的很多内容都是通过文字、图像、音频、视频等形式呈现的，即内容呈现形式单一，用户很难从中获得丰富的体验，人与人、人与物之间的距离也比较远。

而元宇宙能够解决互联网发展的这些瓶颈。一方面，元宇宙市场空间巨大，将开创互联网新的成长空间。普华永道预计，元宇宙相关经济将在未来大幅增长，市场规模有望在 2030 年达到 1.5 万亿美元。移动互联网发展空间缩小之际，元宇宙的红利期已悄然而至。

作为和现实世界紧密联系的虚拟世界，元宇宙几乎能够复刻现实世界中的所有关系，在完善的经济系统助力下，很多互联网商业模式都可以在元宇宙中重现。同时，在新的生产和生活模式下，也会产生新的商业模式。

另一方面，元宇宙能够打破时间和空间的限制，突破移动互联网内容展示的局限。在这个自由的虚拟世界中，人与人、人与物之间的距离感将被打破。例如，在社交方面，人们不必再隔着屏幕互动，而是可以相聚于元宇宙中进行面对面的沟通，同时还可以瞬移到不同的地方，开启一场奇幻的旅游。在购物方面，人们可以在元宇宙中看到完美复刻真实商品的全息影像，可以通过触碰感知商品的触感，也可以以虚拟化身试穿商品，确保买到最适合自己的商品。在娱乐方面，人们可以轻松地进入虚拟的音乐会中，随音乐呐喊、舞动。

总之，元宇宙蕴含着无限可能，为互联网带来了新的发展机会。而随着元宇宙的逐步成熟，互联网也会产生变革，进入下一个发展阶段。

4.1.2　新空间潜藏巨大商业潜能

元宇宙打开的互联网发展新空间潜藏着无限商机。无论是虚拟空间的沉浸式体验项目、将商业模式搬进元宇宙的创新项目，还是由元宇宙衍生出的新职业，都有很好的发展前景。

当前的市场中，已经出现了一些与元宇宙相关的商业模式。例如，一些企业借助 AR、VR 等沉浸式设备，推出多样的沉浸式体验项目，获得收益。

以十分受欢迎的 VR 主题乐园幻影星空为例，该乐园以丰富的 VR 项目吸引了大量用户前来体验。幻影星空自主研发了乐享卡丁车、VR 影院、暗黑战场等多款 VR 产品，同时会根据用户的喜好开发 VR 内容，并不断对设备进行更新调试，保证 VR 项目足够吸引用户。其中，乐享卡丁车能够为用户提供 VR 赛车体验，让用户在热血的拉力赛中享受驾驶的乐趣；VR 影院可以为用户提供高沉浸感的全景观影体验，同时提供海量 VR 影视资源；暗黑战场以沉浸式的实时交互为特点，提供一个双人 VR 电竞对抗平台，用户可以真实体验竞技射击的快感。此外，幻影星空还推出了不同的 VR 体验产品，涵盖 VR 娱乐、VR 科普、AR 智能科技儿童乐园等。

除了幻影星空外，越来越多的 VR 体验馆逐渐出现并得到发展，同时很多商场、主题公园等场所也推出了多样的 VR 体验项目。

元宇宙将开辟出巨大的虚拟空间，实现现实商业模式在虚拟世界的复刻。例如，在建造方面，施工方需要承接建筑项目，项目完工后获得收益。而在元宇宙中，这一商业模式可以得到完美复刻。用户可以以虚拟化身在虚拟世界中进行建造，以项目订单获得收益。

“烤仔建工”就是一支承接元宇宙建造项目的施工队。该团队的大部分成员都是传统建筑行业中的建筑师。在元宇宙兴起之后，他们以自身专业的建筑知识为基础，同时学习了专业的 3D 建模技术，在长期实践中成长为可以在元宇宙中施工的“元宇宙建筑师”。

借助 Decentraland 等各种元宇宙内容平台，团队成员可以在虚拟世界中自由发挥创意，对客户提出的要求进行个性化定制，最终给客户提供一个满意的方案。

总之，元宇宙将深刻变革传统商业模式，推动更多商业模式向虚拟世界迁徙。同时，虚拟世界的不断发展也将不断催生新兴商业模式，引发市场的不断变革。

4.1.3 催生新职业，带给个人更多机会

互联网的发展创造了大量的就业机会。腾讯、京东、美团等互联网企业提供了海量的就业岗位。作为互联网发展的下一阶段，元宇宙也会创造大量的就业机会。当前，不少内容创作者借助各种元宇宙创作平台获得了收益，而在未来，市场中可能会出现一批新的职业，带给个人更多创收机会。

1. 元宇宙捏脸师

元宇宙捏脸师是当下新兴的一种职业。捏脸师以各种元宇宙游戏为平台，为其中的用户提供虚拟形象定制服务，并以此赚取收益。一般而言，在虚拟世界中捏一张脸的价格往往在几十元至几百元之间，设计越精细、越具个性化的虚拟形象的价格也会越高。一些用户甚至愿意花费几千元购买一张虚拟的脸。而随着虚拟世界的用户逐渐增多，这一职业将在未来得到更好的发展。

2. 元宇宙造型师

随着越来越多的企业推出定制的虚拟角色以及配套的虚拟服装，元宇宙造型师可能会成为热门职业。元宇宙造型师与现实世界的个人造型师类似，他们会帮用户设计合适的造型、搭配虚拟服饰，帮用户打造最具个性化的虚拟形象。

3. 元宇宙资产顾问

随着更多的虚拟资产进一步得到确权，元宇宙资产顾问将成为一个广受欢迎的职业。就像现实中的资产顾问一样，元宇宙资产顾问能帮助用户对元宇宙中的资产进行合理规划，他们能给用户提供好的建议，从而让用户的虚拟资产更有价值。

4. 元宇宙导游

元宇宙中的世界是没有边界的，用户想要获得更好的探索体验就需要元宇宙导游的帮忙。元宇宙导游将和用户一起从一个环境跳到另一个环境，为用户讲解平台的历史知识，帮助用户解锁专属体验，甚至还可以陪同用户在元宇宙中的网红景点观光。

5. 元宇宙律师

随着元宇宙中的资产流动速度加快，与之相适应的法律也会逐渐完善。对元宇宙中的纠纷，如数字创作的版权归属、元宇宙企业的商标纠纷、是否能在遗嘱中加入 NFT 等问题，用户需要一名专业的元宇宙律师为其服务。

6. 元宇宙营销人员

近几年，很多互联网公司都设立了“首席营销官”这一职位，这个职位的要求是对互联网文化了如指掌，能够与公司一起制定战略将品牌与受众联系起来。同样地，元宇宙也需要这样的营销人员，他们要擅长在元宇宙中发起创意广告活动，例如，将受欢迎的音乐家请到元宇宙中表演一场独家的虚拟音乐会，并推出相关的周边产品等。这些活动会激活品牌的创造性力量，让品牌更有活力。

4.2 巨头涌入，抢夺入局元宇宙的“门票”

在意识到元宇宙带来的巨大商业机遇后，越来越多的企业开始布局元宇宙，或通过投资、收购等手段提升自身竞争实力，或通过推出产品探索元宇宙应用。微软、英伟达、字节跳动、米哈游、腾讯等企业都是其中的佼佼者。

4.2.1 微软聚焦优势领域，收购动作瞩目

对于微软来说，游戏与办公是其极具优势的两个领域。而在布局元宇宙方面，微软也从这两个方面入手，进行积极探索。

在游戏方面，微软于2001年开始涉足游戏领域，推出了Xbox游戏机。在此后二十余年中，Xbox不断迭代，在全球范围内收获了海量用户。在获得巨大成功之后，微软也并未止步，而是继续探索游戏行业的深度和广度。元宇宙爆发之后，微软以大手笔进行了重磅布局。

2022年1月，微软宣布将以687亿美元的价格收购全球顶尖游戏公司动视暴雪，打破了全球游戏史上的收购金额纪录。微软公司表示，此次收购将加速公司移动、PC、云端等方面游戏业务的增长，为发力元宇宙提供基础。

此次收购背后的动因是什么？游戏与元宇宙在诸多方面存在契合性，这使得很多企业在布局元宇宙时都会从游戏方面入手。而作为全球顶尖的游戏公司，动视暴雪在游戏领域具有诸多优势。

一方面，动视暴雪是全球知名的游戏发行商，业务涉及主机游戏、PC游戏、手机游戏等诸多方面，在长期的经营中积累了大量用户，月活跃

用户超过 4 亿。同时，在海量用户的长期活跃下，也形成了成熟的游戏社区。另一方面，动视暴雪旗下有《魔兽世界》《守望先锋》《糖果粉碎传奇》等知名游戏产品，形成了强大的游戏 IP 矩阵。凭借动视暴雪的这些优势，此次收购将大大提升微软的元宇宙竞争力。

微软收购动视暴雪后，将大大丰富自身游戏业务，完善自身游戏创作、发行、运营的全链条。此外，结合动视暴雪的强大 IP 资源，微软的元宇宙产业也将得到进一步发展。

在办公方面，微软推出了线上办公解决方案 Mesh for Microsoft Teams。该方案融合了 AR、VR、人工智能等技术，支持身处异地的员工召开会议、发送办公信息、处理共享文档等。该方案也提供新一代 3D 会议体验，员工可以定制虚拟形象，并以虚拟形象出席会议，而且不需要借助任何特殊设备。

微软的元宇宙战略是非常缜密的，很值得其他企业学习和借鉴。尤其是从游戏和办公两方面双管齐下的战略，更是有利于微软在元宇宙领域抢占先机。不过随着竞争越来越激烈，微软要想一直保住地位，拔得头筹，还是要不断完善自己的元宇宙体系。

4.2.2　英伟达依托虚拟现实技术，提供开放式创作平台

依托领先的虚拟现实技术，英伟达推出了虚拟协作模拟平台 Omniverse。该平台致力于虚拟世界的创建，为开发者提供虚拟创作空间与各种开发套件。

2021 年 11 月，英伟达在 GTC 2021 大会中展示了以其 CEO 黄仁勋为原型的虚拟形象 Toy-Jensen。Toy-Jensen 可以自如地和人交流，回答人们提出的气候变化、生物蛋白质方面的高难度问题。在展示过程中，Toy-Jensen 的动作和语言都是实时生成的，能够给人们提供一种真实的交流体验。

虚拟形象 Toy-Jensen 就是通过 Omniverse 平台实现的，这让人们看到

了英伟达在虚拟现实方面的实力。同时，英伟达表示，Omniverse 平台不仅会应用于娱乐领域，也会落地于汽车、建筑等领域，提供多样的虚拟化应用。

例如在汽车领域，英伟达和宝马、沃尔沃等品牌达成了合作，帮助研发团队进行汽车的模拟制作。研发团队可以在共享的虚拟空间中连接各种设计工具、资源和项目，彼此进行协作。随着项目的推进，可视化的工作流程也会随之发生转变。

宝马是第一家通过 Omniverse 平台设计整个工厂的汽车制造商。Omniverse 平台能够复刻出现实工厂的模型，模型中包括员工、智能设备、建筑物、汽车部件等。全球生产网络中的产品工程师、项目经理等能够在虚拟环境中进行协作，完成产品设计、优化等一系列复杂工作，提升工作效率。

实现在虚拟世界中实时协作的 Omniverse 平台凭借其高效、成本低的特点，得到了许多企业的认可，而元宇宙也在 Omniverse 平台的推动下得以在工业领域落地。以往在进行汽车、建筑物等设计时，主要以图纸为基础，而借助 Omniverse 平台，企业可以在虚拟世界中设计出一个拟真的高精度立体设计图，在其中实验成功后再将设计方案应用于现实中。

英伟达希望以 Omniverse 平台打造工程师的元宇宙。当前，Omniverse 平台已经实现了多工业场景的虚拟化应用，同时，Omniverse 平台正在不断增加新的功能，如 AR、VR、多图形处理器渲染和工业数字孪生应用程序等。未来，英伟达将以更先进的平台服务更广泛的用户，将更多的工业场景搬进虚拟世界。

4.2.3 字节跳动加速投资，积攒自身实力

2022 年 6 月，字节跳动收购了虚拟社交公司波粒子科技，将其团队并入旗下 Pico 社交中心。此次收购表明字节跳动开始布局元宇宙社交领域。除了社交领域外，此前，字节跳动在元宇宙硬件、内容生态等方面都有所

布局。

字节跳动在 2021 年投资了硬件厂商光舟半导体。该公司致力于研发衍射光学和半导体微纳加工技术，设计并生产了 AR 显示光芯片及模组，旗下还有半导体 AR 眼镜等产品。全息衍射光学一直被业界认为是 AR 光学的未来，而 AR 光学又是 AR 硬件系统的核心。众所周知，AR、VR 设备是元宇宙的重要入口，相当于移动互联网时代的手机。字节跳动投资光舟半导体，重视 AR 相关技术的研究，显然是对元宇宙的布局。

除了投资光舟半导体外，字节跳动还做了许多其他布局。字节跳动斥巨资 90 亿元，收购我国 VR 行业独角兽 Pico，这是目前我国 VR 行业金额最高的一次收购。

据 IDC（互联网数据中心）数据显示，2020 年 Pico 的市场份额位居行业第一。2021 年 5 月，Pico 发布新一代 VR 一体机 Pico Neo3，其各项参数及定价已经接近行业标杆 Oculus Quest2。

在内容生态方面，Pico 加大力度引进游戏等内容，截至 2021 年底，Pico 已有游戏 200 余款。除此之外，Pico 还建立了我国规模较大的开发者社区，吸引了无数开发者，有非常强的内容开发实力。

这些动作并非字节跳动对元宇宙的初尝试，很久之前，字节跳动就已在 VR、AR 领域进行了研发投入，在环境理解、交互系统等方面有了许多研究成果。其旗下产品抖音在 2017 年就已经推出了 VR 社交、AR 扫一扫、AR 滤镜等功能。而近几年，随着元宇宙的爆红，字节跳动加快布局元宇宙的速度，投资了云脉芯联、伽智科技、悠米互娱等芯片、人工智能、游戏开发等方面的公司，以提升企业实力。

在资金方面，字节跳动已融资 10 亿美元，用于元宇宙的相关研究和开发，希望在未来的元宇宙竞争中处于有利地位。

4.2.4　腾讯“内部探索 + 外部投资”，探索游戏新方向

在元宇宙风潮渐起之际，作为我国游戏市场中的领头羊，腾讯自然不

会错过入局元宇宙的机会。在布局方面，腾讯通过内部探索与外部投资两种手段，积极探索元宇宙风潮下的游戏新变革。

在内部探索方面，腾讯加大了在元宇宙方面的研发投入。腾讯发布的2021年第三季度财报显示，腾讯在科研方面的投入创今年季度新高。同时腾讯表示，未来将会加大虚拟现实产品的研发投入，推出更优质的产品。此外，基于游戏和社交基础，腾讯也在不断开展基于元宇宙的实践，通过一些活动模糊现实世界和虚拟世界的界限。

例如，腾讯正在通过一系列活动，逐步在《和平精英》游戏中融入元宇宙元素，带给玩家更多的沉浸感。为了在游戏中引入自定义内容，《和平精英》上线了绿洲启元模式，支持玩家自由编辑游戏地图、道具等。

在外部投资方面，腾讯将更多游戏公司、元宇宙硬件厂商收入麾下。例如在游戏方面，腾讯投资了游戏市场中的知名“独角兽”公司Epic Games，结合其自研游戏、游戏平台和游戏引擎为自身游戏业务赋能。同时，腾讯投资了Avakin Life、Roblox等沙盒游戏。其中，Avakin Life的注册用户超过2亿，日活跃用户超过100万；而Roblox创造了1.15亿月活用户的纪录，拥有广泛的用户群体。除了游戏领域外，腾讯还投资了AR科技公司Nreal、音频流媒体服务平台spotify、虚拟演出服务商wave、元宇宙社交平台Soul等。

2022年，腾讯与字节跳动竞争VR设备供应商Pico的收购权，虽然最后腾讯惜败，但也充分说明了腾讯有意完善自己在元宇宙游戏领域的战略布局。而为3D沙盒游戏《迷你世界》提供巨额资金则进一步巩固了腾讯的元宇宙游戏框架。

从整体上来看，腾讯入局元宇宙游戏很可能是一个从量变到质变、从线下到线上的过程。在这个过程中，腾讯以游戏为切入点，将现实世界与虚拟世界充分地融合在一起，使“元宇宙＋游戏”模式越来越成熟。与此同时，腾讯也在元宇宙时代找到了适合自己的新机遇。

4.2.5　微美全息将业务转向元宇宙硬件，拓宽发展道路

元宇宙的兴起不仅会影响互联网企业的布局，也将深刻影响相关硬件厂商的发展路径。在发现元宇宙的潜力之后，许多原本聚焦 AR、VR 等相关硬件的厂商开始布局元宇宙业务，加速业务转型。

2021 年 8 月，全息 AR 应用技术提供商微美全息宣布成立全息元宇宙事业部，将着力进行元宇宙全息技术的研发和应用，搭建更多元宇宙场景。

布局元宇宙为微美全息指明了新的发展方向。2020 年 4 月，微美全息头顶“全息 AR 第一股”的标签成功上市，但却并未获得资本的青睐。自上市后，微美全息的股价较发行价持续下跌，资本市场对其反应较为平淡。在这种情况下，微美全息需要做出新动作提振股价，而布局元宇宙则起到了立竿见影的效果。在宣布进军元宇宙领域当日，微美全息股价上涨 3.08%，并实现了连续几个交易日持续上涨。

在布局元宇宙方面，微美全息也具有一定的技术优势，专注于元宇宙全息技术的软硬件研发，以加速元宇宙的进程。

在软件方面，微美全息凭借成像检测和识别技术、全息 3D 层替换技术等，将全息 AR 内容融入虚拟应用。这种全息 AR 内容和全息成像服务在元宇宙中拥有广阔的应用前景。

在硬件方面，微美全息推出了全息 XR 头显产品“WiMi Hologram SoftLight”。该产品在图像色彩管理、可对接设备、佩戴体验等方面进行了优化，为微美全息在 XR 硬件市场的发展奠定了基础。

在应用方面，微美全息拥有多样的全息 IP 权益内容，覆盖 3D 模型、全息虚拟产品等多方面，涉及全息动漫、虚拟偶像、虚拟直播等。这些虚拟资产能够在元宇宙中产生巨大的商业价值。

未来，在全息元宇宙事业部的部署下，微美全息将集合自身全息技术和内容优势，吸引优秀人才，加紧全息技术研发和在元宇宙场景中的应用，进一步加快进军元宇宙的步伐。

4.3 资本聚焦，元宇宙新秀深受关注

除了众企业纷纷布局元宇宙外，各路资本也不断涌入元宇宙市场。不少推出元宇宙产品、拥有元宇宙核心技术优势的业内新秀获得了资本的关注。

4.3.1 产品优势：以 VR 产品获得巨额融资

2022 年 6 月，VR 技术与产品开发商大朋 VR 宣布完成数千万元融资。本轮融资由华强资本、谦宜资本及联合光电共同投资。

有了雄厚的资金储备，大朋 VR 将加大产品的研发投入，引入高端人才，致力于打造更完美的 VR 产品。公司将基于智能交互、VR 硬件等虚拟现实技术，专注研发元宇宙基础设施，同时整合上下游资源，从技术、标准、应用等层面探索元宇宙的建设方向。

大朋 VR 的创始人陈朝阳曾主持开发了国内首款臂式可穿戴计算机，其合伙人章立曾是我国最早一批 Android 智能电视生态的布道者，团队经验非常丰富。这也为公司研发元宇宙基础设施，并打造更富有效率的虚拟交互形式奠定了基础。目前，大朋 VR 的研发方向包括软件系统、硬件设备和全栈 VR 解决方案，几乎涵盖了元宇宙基础设施建设的各个方面，旗下的产品有 VR 一体机、PC-VR 头盔、泛娱乐 VR 平台等。

目前，大朋 VR 的服务范围涵盖国内外 40 多个国家和地区，服务 13 000 多个开发者，是元宇宙基础设施服务商中的一只潜力股。

4.3.2　技术优势：彰显强大潜力，获得资本青睐

除了拥有元宇宙相关产品外，在元宇宙相关技术方面具备优势的企业同样获得了资本的关注。其中，不少芯片、AR、VR 等领域的相关厂商获得了新一轮融资。

2021 年 11 月，英国 VR/AR 触觉模拟技术厂商 Ultraleap 顺利完成 D 轮融资，融资金额高达 6000 万英镑（约合人民币 5.2 亿元），参与融资的有 Mayfair Equity Partners、IP Group plc 等原股东，以及腾讯、招银国际、British Patient Capital 等新股东。

Ultraleap 成立于 2013 年，总部位于英国的布里斯托尔，最初名称是 Ultrahaptics。后来，Ultraleap 收购了体感技术公司 Leap Motion，便改名为 Ultraleap。Ultraleap 致力于开发裸手交互技术，并尝试通过超声波传感器阵列为该技术提供触觉反馈。

随着元宇宙的发展，Ultraleap 的主攻方向变成 AR、VR 和元宇宙，而且已经与很多企业开展了合作，如无线通信技术公司高通等。值得注意的是，Ultraleap 已经推出了第五代手部追踪平台 Gemini，该平台可以为大众提供稳定、灵活的手部追踪功能。

Ultraleap 提供的信息显示，Ultraleap 会用 D 轮融资的资金对 Gemini 进行升级，为其引入更先进的操作系统，帮助高通等合作伙伴打造更多以裸手交互技术为基础的产品。Ultraleap 还会加大技术投入，开发融合机器学习技术的手部追踪产品。

目前 Ultraleap 已经有近 180 项专利，而且绝大多数都是发明专利。通常一家企业拥有的发明专利数量可以反映这家企业创新能力的高低。换言之，如果企业有很多项发明专利，那就说明该企业有较强的创新能力。因此，Ultraleap 能够获得巨额融资也就不足为奇了。

4.3.3 商业模式优势：以数字交易新模式吸引投资

元宇宙新秀公司获得资本关注的核心点在于显示出了自己发展的潜力，硬件产品、核心技术等都是发展潜力的具体表现。在这方面，提出元宇宙新商业模式，搭建新型元宇宙平台的企业也获得了资本的支持。

例如，2021 年 8 月，数字资产运营公司环球墨非完成了数千万元的 A+ 轮融资。本轮融资由渠丰国际、36 氪基金领投，海石资本跟投。这些资金将用于开发数字资产平台，为数字娱乐产业提供高效的交易服务。

环球墨非于 2017 年成立，是一家专注于数字资产，利用虚拟制作技术为数字娱乐产业提供个性化服务的元宇宙公司。环球墨非的商业模式包括虚拟内容制作、虚拟数字化营销、数字版权资产交易三个方面。

1. 虚拟内容制作

环球墨非成立初期主要以视觉特效业务为主，基于公司高管的特效技术经验，参与过许多影视剧的制作，如《中国女排》《大闹天宫》《画皮 2》等。

2. 虚拟数字化营销

除了制作影视相关的虚拟内容外，环球墨非从 2019 年开始拓展广告、游戏、动漫、文旅等领域。利用自身先进的虚拟制作技术，为数字娱乐产业提供定制营销服务，同时整合下游渠道，利用短视频等形式做分发推广。

3. 数字版权资产交易

环球墨非在 2021 年提出公司的下一步业务重点，即数字资产整合和产业链应用。目前，数字娱乐产业中存在大量的数字资产，潜藏着巨大的价值。环球墨还推出数字资产交易平台“数字云库”，目标是将数字资产整合，使数字娱乐产业上游的存量版权再次流通，开发其潜在价值。同时帮助下游的创作者降本增效，为他们提供源源不断的内容素材。

第 5 章
虚拟数字人：破圈发展的元宇宙主角

提起元宇宙，就不得不讲到虚拟数字人，其是元宇宙中不可缺少的重要角色。一方面，人们需要借助虚拟化身进入元宇宙，另一方面，元宇宙中将会存在大量为人们提供服务的 NPC（non-player character，非玩家角色）。这两方面的实现都离不开虚拟数字人的帮助。在元宇宙逐渐火爆之后，虚拟数字人也在风口下逐渐破圈。

5.1 发展现状：虚拟数字人与社会联系日益紧密

作为元宇宙爆发之前的先行者，虚拟数字人已经在当前有了较为普遍的应用。依托其数字化、智能化特性，虚拟数字人与社会的联系日益紧密。

5.1.1 虚拟数字人概念解析

当前，市场中出现了不少虚拟数字人，如企业大厅里的虚拟客服、电视中的虚拟偶像等。那么，究竟什么是虚拟数字人？

中国人工智能产业发展联盟发布的《2020 年虚拟数字人发展白皮书》

报告中提到，虚拟数字人是具有数字化外形的虚拟人物，依赖显示设备存在，拥有人的外貌、人的行为和人的思想。

由此可以总结出，虚拟数字人具有三个方面的能力，分别是形象能力、表达能力和交互能力。形象能力即虚拟数字人具有特定的相貌、性格等；表达能力即虚拟数字人能够通过语言、动作、表情等进行表达；交互能力即虚拟数字人可以识别外部环境，并与人进行交流互动。

根据风格的不同，虚拟数字人可以分为二次元卡通风格、3D 卡通风格、3D 超写实风格等多种类型。而根据交互方式的不同，虚拟数字人可以分为智能驱动型和真人驱动型两种。其中，智能驱动型虚拟数字人依托 AI 技术进行自主交互，而真人驱动型虚拟数字人依靠身穿动捕设备的真人驱动。

从应用方面来看，虚拟数字人可以分为两类。一类是不展现个人思想的服务型虚拟数字人，如搭载 AI 系统进行特定工作的虚拟客服；另一类是由真人驱动，作为个人数字化身存在的身份型虚拟数字人，如用户登录各种元宇宙应用获得的虚拟化身。

从短期来看，服务型虚拟数字人将展现巨大的应用价值，拥有巨大的利润空间。从长期来看，身份型虚拟数字人将成为元宇宙的核心入口。不论从哪个方向来看，虚拟数字人都拥有巨大的发展潜力。

5.1.2 搭建用户身份系统，连接用户与元宇宙

对于元宇宙中的用户来说，虚拟数字人的最大作用在于可以为用户提供虚拟化身，支持用户以该虚拟化身搭建其在元宇宙中的身份系统。

身份系统是元宇宙中的重要内容。无论是数字资产的流通，还是社会关系的组成，都需要一个行为载体。例如，元宇宙商城中的衣服不会自己生产出来，它需要一个能够主动发出命令的行为载体去设定生产参数。

在现实世界中，人们能够承担这一角色，而在元宇宙中，虚拟数字人则是构成身份系统的元素。虚拟数字人具有独立身份，他有在元宇宙中参

与构建数字世界、生活、学习、社交和工作的权利。因为虚拟数字人的底层技术是区块链，因此他也具备区块链所具有的独特性。现实生活中存在长相一样的人，但是不可能存在身份证号码一样的人，而区块链就是赋予虚拟数字人身份证号码的技术。此外，区块链还赋予虚拟数字人去中心化的特点，因此他具备独立的人格。

基于以上基础，虚拟数字人才能够作为人类在虚拟世界中的虚拟化身，人类才能够在元宇宙中进行各种生产、生活活动，构建各种社会关系。

除了能够以现实中的个体为原型创造出虚拟数字人外，元宇宙还可以创造出现实世界中并不存在的虚拟数字人。虚拟数字人将成为元宇宙内部关系的交互载体，由此，元宇宙能够开创全新的人际关系。

5.1.3　为用户提供服务，体现现实价值

除了作为用户进入元宇宙的虚拟化身外，虚拟数字人还可以应用在现实场景中，为用户提供多样服务。当前，各种各样的服务型虚拟数字人已经在金融、传媒、电商等多领域有所应用。

在服务型虚拟数字人方面，Fable Studio 公司做出了探索。在建立之初，Fable Studio 是一家 VR 叙事类娱乐公司，在凭借 VR 短片 *Wolves in the Walls* 获得了艾美奖后，其开始将公司发展的重心瞄向虚拟数字人，推出了虚拟数字人 Lucy。Lucy 是一个可爱的 8 岁小女孩，可以自由和人沟通，给人温暖的关怀。

在虚拟数字人的设计风格上，Fable Studio 十分重视虚拟数字人的故事感，以营造温暖的情感关怀。Fable Studio 认为，人们在生活中往往会产生孤独感，会渴望交流和陪伴，但由于人与人之间的距离感，找到一个贴心的陪伴对象并不容易。基于这种需求，Fable Studio 希望打造出陪伴式的虚拟数字人，让用户的孤独、空虚可以得到排解。2021 年，Fable Studio 推出了新的陪伴式虚拟数字人 Charlie 和 Beck。他们具有强大的日常交互能

力，能够像真人一样和用户对话，满足用户的沟通和陪伴需求。

随着虚拟数字人技术的不断发展，未来，其不仅能够在电商、金融等领域为人们提供多样的服务，还会深入我们的生活，成为我们的个人管家、工作助手，甚至朋友。未来，我们的生活可能会这样度过：早上，当我们醒来时，虚拟管家会向我们打招呼并讲述当下的新闻、提醒我们今天要做的事；当我们佩戴 VR 设备进入元宇宙中，进入自己经营的虚拟商店后，负责日常工作的虚拟员工会向我们汇报昨天或近期的交易订单；回到现实中，当我们驾车出行时，车载语音助手会化身可爱的虚拟形象，为我们播报路况。

总之，在现实世界和虚拟世界的诸多场景中，虚拟数字人都将陪伴在我们身边，为我们提供多样的服务。这也是其现实价值的具体体现。随着虚拟数字人应用范围的不断拓展和元宇宙的发展，虚拟数字人终将被普及，全面服务于人们的生活。

5.2　多重应用：虚拟数字人进军多领域

随着元宇宙的火热，与其密切相关的虚拟数字人也得到了进一步发展，应用场景不断拓展。在金融、娱乐、传媒、电商等领域，虚拟数字人都已经有所渗透，发挥了巨大价值。

5.2.1　金融领域：作为虚拟员工服务企业

依托人工智能、语音识别、自然语言处理等技术，虚拟数字人拥有很高的智能性，能够为用户提供专业的服务。在金融领域，虚拟数字人可以化身为企业的虚拟员工，为客户提供专业的金融咨询服务。

魔珐科技曾与光大银行携手，推出了虚拟理财顾问"阳光小智"。"阳光小智"是一个立体形象的智能客服，她不仅具有专业的业务能力，还能够提供人性化的服务。面对客户，她会亲切地询问客户的业务需求，并通过流畅的语言和自然的动作与客户进行实时互动。她可以 7×24 小时不间断地为客户提供标准化、专业化的服务，实时为客户答疑解惑。

除了光大银行外，厦门银行、浦发银行等都已上线了虚拟员工，越来越多的金融机构意识到了虚拟员工的优势。虚拟员工可以将更多的真人员工从烦琐的重复性工作中解放出来，让他们从事更有价值的工作。同时，真人员工在处理工作时，存在录入错误、操作失误等风险，而虚拟员工以 AI 驱动，遵循既定的流程和规则，能够很好地规避以上风险。

未来，随着虚拟员工的广泛应用，更多的基础服务工作将由虚拟员工完成。由此，金融领域将会发生变革，金融机构的人员结构也会发生变化。

5.2.2 娱乐领域：作为虚拟偶像掘金娱乐市场

提到虚拟数字人，很多人都会想到初音未来、洛天依等知名的虚拟偶像。这些虚拟偶像也属于虚拟数字人的范畴。在娱乐领域，化身虚拟偶像的虚拟数字人同样可以展现超强的吸金能力，为企业带来更多收益。

例如，被称为"国漫第一 IP"的虚拟偶像叶修就以其超强的吸金力为阅文集团带来了巨大收益。作为经典网文《全职高手》的主角，叶修无疑是千万粉丝心中的超级明星，在以虚拟偶像的身份出道后，叶修瞬间得到了广大粉丝的关注。

凭借自身人气，叶修在超级明星的路上越走越远，影响力也不断扩大。在他 22 岁生日时，热情的粉丝用他的形象点亮了纽约时代广场、广州小蛮腰等多地的户外大屏，为其庆生。同时，强大的粉丝基础产生了超强的粉丝经济。叶修的掘金能力堪比流量明星，代言了中国银行、麦当劳、美年达、清扬等多个品牌，涵盖了食品、快消品、金融等领域。

阅文集团的 IP 运营负责人罗立曾表示，叶修为阅文集团带来了可观的营收，"如果把目前开发的'叶修'的相关产品，以及他代言的产品、品牌价值放到一起来看，叶修的商业价值已超过十亿规模"。

从叶修的超强变现能力就可以看出虚拟偶像的超强吸金力。虚拟偶像能够聚集大量粉丝，并通过粉丝经济实现变现。作为虚拟偶像的拥护者，粉丝愿意为自己的偶像买单。一份万人参与的《2021 中国虚拟偶像消费市场调研报告》显示，受访者中有 15.64% 的人很熟悉虚拟偶像；61.27% 的人听说过虚拟偶像。同时有 62.31% 的人可能会购买虚拟偶像代言的产品；9.78% 的人表示肯定会为虚拟偶像代言买单。该调研显示，消费者对于虚拟偶像存在较高的消费需求。

同时，虚拟偶像的变现方式也越来越多样。除了举办演唱会、代言、直播外，虚拟偶像还可以通过推出联名产品、游戏植入等方式拓宽变现路径。此外，在成熟的虚拟偶像的基础上，企业还可以增加人物关系设定，推出和虚拟偶像关联性强的其他虚拟偶像，搭建自身 IP 矩阵。

5.2.3　传媒领域：作为虚拟主持人主持节目

当前，传媒领域的虚拟主持人屡见不鲜。这些经过特殊训练的虚拟主持人可以取代真人主持人主持新闻、综艺等节目，在降本增效的同时还可以带给观众新奇的观看体验。

2022 年元旦期间，一档名为《你好星期六》的电视节目登陆湖南卫视。在节目播出当晚，虚拟主持人“小漾”登台亮相，和真人主持人一起主持节目。

小漾作为湖南电视台推出的虚拟主持人，将以实习主持人的身份开启自己的职业生涯。

在《你好星期六》节目中，小漾不仅可以出色地完成主持工作，还可以自然地和其他主持人或嘉宾互动。小漾的出现为节目增添了不少亮色，同时这种虚拟主持人和真人主持人组合的主持形式也给观众带来了新鲜感。

除了湖南电视台外，中央广播电视总台、新华社等传媒机构也推出了虚拟主持人。相比于真人主持人，虚拟主持人拥有诸多优点。在现实生活中，真人主持人会不可避免地产生口误，也难以进行高强度、长时间的工作，而虚拟主持人可实现高质量的全天候播报。同时，虚拟主持人也可以规避道德风险。现实中，一些真人主持人存在道德失范的问题，导致其所主持的节目口碑下降、收视率下滑。而虚拟主持人的一大优势就是“不会翻车”，能够规避真人主持人在道德方面的风险，提高节目收视率的稳定性。

此外，依托先进的 AI 技术，虚拟主持人能够以强大的智能性完成更复杂的工作，有效解决专业主持人才稀缺的问题。例如，一些新闻播报配备有手语主持人，其通过手势语言，与新闻主持人同步进行手语播报。当前，手语主持人主要存在于主流媒体中，出于对成本的考虑，很多小型传媒机构都不会配备手语主持人。而虚拟数字人在传媒领域的应用能够解决这一问题。

2021 年 5 月，搜狗发布了手语主持人“小聪”。基于搜狗的 AI 分身技术，“小聪”能够流畅地进行手语播报，使听障人士也能够顺利收听新闻。在手语表达方面，“小聪”能够根据输入的语言文本快速生成手语，并通过多模态生成技术快速生成手语播报视频。同时，“小聪”可以通过手语、面部表情，进行更准确的表达。

总之，功能强大的虚拟主持人能够取代真人主持人，实现文本输入智能播报、全天候播报，实现降本增效。未来，随着虚拟数字人技术的发展和应用的普及，将有更多的虚拟主持人走进新闻直播间，为观众呈现更好的节目效果。

5.2.4 电商领域：作为虚拟主播直播带货

抖音、快手等短视频直播平台发展迅速，电商直播普及度越来越高。头部红人、真人明星等纷纷走进电商直播间。在这种趋势下，虚拟主播也开始加入直播大军，以自身吸引力为产品引流。

2020 年 5 月，淘宝直播间被二次元粉丝的弹幕刷屏。知名虚拟偶像洛天依来到淘宝直播间，作为虚拟主播推销美的、欧舒丹等品牌产品，引发了众多粉丝的关注。在整个直播过程中，直播间在线观看人数一度突破 270 万，约 200 万人进行了打赏互动。

为什么洛天依直播带货能够引发众人关注？在二次元世界，洛天依是当之无愧的明星。这位灰发、绿瞳、腰间系着中国结的虚拟偶像由上海禾念推出，一经问世就获得了大批粉丝的喜爱。在 B 站（哔哩哔哩）控股上海禾念后，洛天依成为 B 站的“当家花旦”，举办了多场全息演唱会，参加了多家电视台的活动，影响力不断提升。

随着洛天依的出圈，其商业价值愈加凸显，不仅演唱会门票分秒售罄，产品代言和直播带货的能力也不容小觑。正因如此，洛天依开始走进品牌带货的直播间，以自己的影响力促进产品销售。

除了洛天依外，越来越多的虚拟主播开始走进电商直播间。抖音知名动画 IP“我是不白吃”“一禅小和尚”等都开始了直播带货，通过“真人 + 虚拟 IP ”的方式引爆销量。这些虚拟主播的带货能力不输真人明星，丰富了电商直播的内容，开创了直播带货的新模式。

除了虚拟偶像、虚拟 IP 等与品牌合作进行直播带货外，一些品牌也开始孵化自家虚拟主播，通过“真人主播 + 虚拟主播”的方式形成全天候不间断的直播。例如，自然堂就推出了虚拟主播“堂小美”。她不仅可以专业、流畅地介绍不同产品的信息，还可以自然地和观众互动，如和刚进直播间的观众打招呼、根据观众评论的关键字做出相应的答复等。此外，在介绍产品的过程中，“堂小美”还会提醒观众使用优惠券、购物津贴等，十分贴心。

电商直播没有白天和夜晚的时间限制，因为不同的时间段都可能会有消费者进入直播间。为了提高消费者的购物体验，很多品牌都引入了虚拟主播，开启了“真人主播 + 虚拟主播”的双主播模式。

虚拟主播作为真人主播的补充，能够和真人主播进行交替直播，填补真人主播下播的空当，实现全天候直播。这使得无论消费者什么时候进入直播间，都会有主播为其讲解产品、介绍优惠规则。同时，虚拟主播还能够丰富直播内容，让消费者以另一种方式了解产品，提高品牌的科技感、新潮感，为消费者提供全新的购物体验。可以预见，在虚拟主播的加持下，品牌全天候直播将成为常态。

5.3 细分布局：以自身优势布局多样细分赛道

虚拟数字人领域蕴含着巨大的商机。正是看到了这种商机，越来越多的企业开始以自身核心优势布局虚拟数字人细分赛道，推出虚拟数字人解决方案、虚拟数字人平台，提供虚拟 IP 运营服务等。

5.3.1 聚焦应用场景，提供虚拟数字人解决方案

虚拟数字人的发展离不开技术的支持。一些企业依托自身先进的虚拟数字人技术，提供一站式的虚拟数字人解决方案，推动其在更多场景中的应用。

在这方面，相芯科技依托语音动画合成技术，推出了虚拟员工解决方案。融合了多种企业知识的虚拟员工，能够提供日常工作问题咨询、迎宾讲解等多种服务。通过语音唤醒，人们能够和智能大屏中的虚拟员工进行自然的沟通，了解各种企业信息。

虚拟员工不仅能够回答人们当前提出的问题，还能够将当前的问题和之前的问题综合理解，和人们进行多轮智能沟通。例如，当人们询问“今天的天气怎么样”时，虚拟员工会回复“你要查的地点是哪里呢”，当得到具体的地点后，虚拟员工就会自然地回答出这个地方的天气情况。这种自然的对话模式能够带给人们更真实的沟通体验。

同时，很多企业都依据自身定位，推出了自身虚拟代言人，如花西子推出了虚拟代言人“花西子”。基于企业的这种需求，相芯科技能够为企业打造个性化的虚拟代言人。在展示风格方面，相芯科技提供 3D 卡通动物、3D 卡通人物和拟真的真人形象等不同风格的虚拟数字人形象。

除了相芯科技外，魔珐科技也推出了虚拟数字人解决方案。魔珐科技经过多年的技术积累，推出了端到端的虚拟数字人解决方案，实现了虚拟数字人面部及身体扫描、建模、绑定、实时动画、渲染等全流程的制作，打通了超写实虚拟数字人制作的全路径。同时，其推出的虚拟数字人解决方案能够实现规模化应用，在多场景实现落地，如应用于企业内部、博物馆、线下商场等场景中。

当前，这些科技公司推出的虚拟数字人解决方案已经逐步实现了商用，也受到了很多企业的追捧。未来，随着科技的发展，虚拟数字人的功能将更加丰富，应用场景也将进一步丰富。

5.3.2　聚焦内容生产，打造虚拟数字人平台

除了提供专门的虚拟数字人解决方案外，为了降低虚拟数字人应用的门槛，一些企业聚焦虚拟数字人生产，推出了虚拟数字人开放平台。

例如，2021 年，百度推出了虚拟数字人平台“曦灵”。百度智能云 AI 人机交互实验室的相关负责人表示，当前的虚拟数字人产业还存在着许多问题，例如制作成本极高，一般企业难以承受；应用场景与研发功能不适配；产业链环节之间的各种隔阂导致的割裂状态等。而“曦灵”作为虚拟数字人一体化平台，能够有效地解决这些问题。

“曦灵”的主要功能是帮助用户进行虚拟数字人的生产和内容创作，同时优化虚拟数字人的已有功能，并将这些功能集成在同一个平台中，帮助用户降低成本，提高工作效率。

例如用户想制作一个自己的虚拟数字人形象，只需要上传自己的一张照片，就能够在几分钟之内生成一个由 AI 驱动的 2D 虚拟数字人，在一两个小时之内就能够生成一个 AI 3D 虚拟数字人。除了上传照片外，用户还可以使用语音描述、自定义捏脸等功能制作虚拟数字人。“曦灵”内置“文字到形状的跨模态面部表情生成技术”，能够 1 ： 1 还原逼真的口型和表情，不管用户捏出的脸有多么夸张，口型还原度都能够达到 98.5%

以上。

目前，由“曦灵”制作和进行功能优化的虚拟数字人主要有两类：一类是演艺型虚拟数字人，例如百度虚拟代言人“希加加”、AI手语主播等；另一类是服务型数字人，例如智能员工、智能客服等。

经过多次版本优化，“曦灵”当前已具备多场景的快速交付能力，还增设了业务功能编排、内容创作、IP孵化等多个功能板块，能够在未来实现全场景功能覆盖。

5.3.3 聚焦内容运营，提供虚拟IP运营服务

不同于依照既定程序提供专业服务的服务型虚拟数字人，一些身份型虚拟数字人拥有自己的名字、性格、人设等，可以成为虚拟IP。在这方面，一些企业就聚焦身份型虚拟数字人，提供虚拟IP打造及运营服务。

其中，虚拟生态公司次世文化就凭借虚拟数字人IP的打造和运营业务大获发展，获得了资本的关注。截至2021年末，次世文化累计融资已突破千万美元。凭借这些融资，次世文化在虚拟数字人领域的布局越来越深入，打造了与众不同的商业模式。

次世文化的虚拟数字人产品主要分为三类。第一类是明星虚拟形象产品，即为真人明星打造并运营虚拟形象。当前，次世文化已经和诸多明星合作，为其打造个性化的虚拟形象。明星也可以以虚拟形象承接代言、出席活动等，拓宽收入渠道。

第二类是细分领域原创产品，即在细分领域推出原创虚拟数字人，并通过长久的运营将其打造为虚拟IP，以此实现商业化创收。例如，次世文化曾与魔珐科技共同推出虚拟DJ“Purple”。

“Purple”是一名颇具才华的电音少女，可作为虚拟偶像推出自己的专辑。目前，“Purple”已经和虚拟艺人厂牌NO PROBLEM签约，并与Owhat、Wonderland杂志达成了合作。未来，“Purple”将推出自己的电子音乐作品，引领潮流文化新时尚。

第三类是品牌 IP 定制化产品，即为品牌打造个性化的虚拟代言人。例如，次世文化曾为花西子打造了虚拟代言人“花西子”。

“花西子”的形象灵感源于“欲把西湖比西子，淡妆浓抹总相宜”的诗句，整体形象清丽典雅，具有东方古典之美。为了打造该形象的记忆点，次世文化还以我国传统面相美学为设计基础，特意在“花西子”眉间点了一颗“美人痣”，让其形象更有特色。

依托以上三条主要产品线，次世文化打造了各具特色的虚拟数字人 IP。虽然产品类型不同，但其设计理念是一样的，即依据需求倒推产品。例如，在为企业打造虚拟代言人时，次世文化会深入调研企业的用户需求，并结合企业定位打造虚拟代言人；在打造原创虚拟数字人 IP 时，次世文化会聚焦细分领域，明确虚拟数字人的定位。当前，次世文化和众多明星、企业达成了合作。未来，其将加深在虚拟数字人领域的探索，打造出完善的虚拟数字人 IP 矩阵。

第 6 章

元宇宙游戏：展现元宇宙生态雏形

当前，业内普遍认为游戏领域是元宇宙的最佳落地场景。游戏与元宇宙拥有诸多共同之处，而市场中的一些元宇宙游戏也描绘出了元宇宙生态的雏形。从这方面来说，元宇宙游戏是企业进军元宇宙的重要赛道。

6.1　游戏为元宇宙发展奠基

游戏与元宇宙拥有诸多共同之处，而新兴的元宇宙游戏更是在游戏的基础上融入了更多元宇宙元素，实现了诸多元宇宙功能。这能够为用户提供一种类似元宇宙的娱乐体验。

6.1.1　游戏与元宇宙相似，拥有诸多元宇宙基因

游戏为元宇宙的发展奠定了基础。游戏创造了一个具有虚拟空间、虚拟化身的虚拟世界，在此基础上融入元宇宙相关的沉浸式交互、内容创作等功能，能够更迅速地描绘出元宇宙的初级形态。

以当下的一些大型游戏为例，一般来说，大型游戏往往都具备以下特征。

1. 提供虚拟身份：游戏能够赋予玩家一个虚拟身份，以便玩家在虚拟世界里活动。同时，定制化、形象化的虚拟身份能够让玩家产生更多代入感。

2. 强社交性：玩家在游戏中的长久社交活动能够形成个性化的社交网络。同时，玩家可以在游戏中和其他玩家交流、协作游戏、共同参加活动等。

3. 自由创作：一些大型游戏，尤其是沙盒游戏支持 UGC 创作，用户可以在其中自由释放自己的创造力。同时，在用户共创的过程中，虚拟世界的边界得以拓展，内容也不断丰富。这与元宇宙的拓展性十分相似。

4. 沉浸式体验：游戏作为强交互性、强沉浸感的内容展示方式，是元宇宙主要的内容载体。游戏中的虚拟身份、虚拟场景和玩家在游戏过程中建立起来的社交关系等都会带给玩家一种沉浸感。同时，一些游戏借助 VR 设备，能够将玩家带到虚拟的游戏世界里，为玩家提供更真实的沉浸式体验。

5. 经济系统：许多游戏都搭建了较为完善的经济系统，玩家可以通过活动获得回报，创造的虚拟资产也可以在游戏中流通。

基于以上几种特征，大型游戏更具有元宇宙基因，而其中的开放世界游戏和沙盒游戏，从不同角度展示了基于游戏打造元宇宙的方法。

开放世界游戏能够为玩家提供高沉浸感和自由度的探索体验。以经典开放世界游戏 GTA5 为例，其打造了一个细节丰富、高度自由的虚拟城市“洛圣都”，玩家可以在其中自由探索、驾驶汽车进行街头竞速等。

开放世界游戏的优势主要体现在虚拟世界的高拟真度和玩家的高自由度方面，但是也存在可探索的地图有限、玩家创造力不足等问题。未来，随着游戏引擎技术的持续升级，开放世界游戏有望展现出更真实的渲染效果、具有更丰富的细节，同时能够赋能玩家创造，不断拓展游戏边界，实现真正意义上的开放世界，从而向元宇宙进发。

沙盒游戏则融入了创意玩法，为玩家提供自由创造的工具和空间。以沙盒游戏《我的世界》为例，玩家可以在随机生成的虚拟世界中自由探索，通过采集矿石、战斗等方式收集各种资源和工具。同时，借助这些资源和工具，玩家可以自由创造各种建筑物或艺术品，也可以和其他玩家合作进行共同创造。《我的世界》以其自由的创作空间吸引了大量玩家，并聚集了海量优质创意资源。

凭借可创造性，沙盒游戏能够形成强大的 UGC 生态，形成长久的产品生命力。同时基于 UGC 生态，沙盒游戏可以不断拓展边界，形成一个不断扩张的生态系统。沙盒游戏的可延展性是其元宇宙基因的具体表现。以沙盒游戏为基础融入更多的元宇宙元素，展现更多的场景和空间，是元宇宙的可行发展路径。

总之，游戏拥有诸多元宇宙基因，从游戏到元宇宙的发展路径较为清晰。因此，企业要以当下游戏产品为基础，逐渐补足其所欠缺的元宇宙元素，更快地走向元宇宙。

6.1.2　游戏搭建起了元宇宙必备的去中心化机制

去中心化机制是元宇宙实现稳定运行的基础。在这方面，一些游戏已经搭建起了去中心化的运行机制，为实现元宇宙做好了准备。

从功能上进行对比，我们更能发现去中心化机制的优越性。很多游戏中都拥有身份系统和价值系统，但和元宇宙中的身份系统、价值系统有很大区别，原因就在于这些游戏中的身份系统和价值系统是中心化的。

以元宇宙的身份系统为例，玩家可以选择多种角色，也可以通过捏脸、换装等操作赋予角色独特性，但游戏中的整个身份系统是预先设定好的，玩家的自由度十分有限。并且，中心化意味着玩家的一切账号数据、行为数据都掌握在运营商的手中，因此从理论上来说，运营商可以删除玩家的账号信息。在这种模式下，玩家的游戏身份是否存在，是由运营商决定的。

在价值系统方面也是如此。游戏中有什么道具、道具的售价是多少等都是由开发商定的，玩家只能在这个价值体系中进行交易。同时，玩家在游戏中的虚拟资产也无法得到保障，一旦游戏被关闭，玩家的虚拟资产也不复存在。

而元宇宙是去中心化的，其中没有任何提前写好的剧情，没有限定的可供选择的角色，没有必须要完成的任务，也没有探索的终点。从早期的开荒拓土，到之后的创造和各种玩法，都由用户自由发挥。同时，在身份系统和价值系统方面，元宇宙也避免了中心化平台的控制，能够为用户提供更自由的体验和更强大的资产安全保障。

这也是 Roblox 这款游戏大受欢迎的重要原因。区别于中心化的传统游戏，Roblox 采用了去中心化的运行模式，更加接近元宇宙的初级形态。以其中的价值体系为例，基于其中流通的虚拟货币 Robux，玩家可以为自己创造的道具和游戏定价，并和其他玩家交易，以此获得收益，也可以自由消费或兑换 Robux。在这种价值体系下，玩家拥有了更多自主权。

在元宇宙中，身份系统是一种新的社会关系，价值系统是一种新的生产关系，二者的建立有利于元宇宙的长久稳定运行。从这个角度来看，去中心化游戏更接近元宇宙的运行模式。

6.2　元宇宙游戏拆解，实现更多元宇宙功能

基于游戏与元宇宙的契合性，元宇宙游戏在短时间内实现了快速发展。和传统的电子游戏相比，元宇宙游戏在功能上进行了更多突破，实现了更多元宇宙功能。

6.2.1　交互突破：实现沉浸式交互体验

在游戏体验方面，借助 VR、AR 等沉浸式设备，元宇宙游戏可以打破交互局限，更充分地调动玩家的五感，让玩家享受身临其境般的代入感以及更真实的交互体验。

2021 年 9 月，中青宝宣布将推出元宇宙游戏《酿酒大师》。这是一款以经营酒厂为主要任务的养成类游戏。在游戏中，玩家可以体验“穿越”的感觉，因为游戏会以百年前的中国为场景，为玩家模拟酿酒流程，让玩家参与酒厂的生产工作。

此外，《酿酒大师》还为玩家创立了公会，玩家可以建立虚拟身份，通过虚拟身份申请加入公会。情侣玩家甚至可以在游戏中的“婚姻登记处”向自己的另一半求婚，并邀请好友共同见证。值得注意的是，该游戏还加入了一些比较特别的元素，如房产管理、摆摊交易等。

在元宇宙浪潮下，以《酿酒大师》为代表的一系列元宇宙游戏不断涌现。这也意味着，元宇宙与游戏之间的融合已经粗具规模，未来还会衍生出更新、更成熟的发展模式。

在融合过程中，游戏开发商可以将非游戏活动迁移到游戏中，如社交嘉年华、虚拟音乐会、虚拟观影、虚拟购物等。这样可以使游戏形态更丰

富，也有利于推动元宇宙游戏尽快实现商业化，从而为整个游戏领域带来巨大盈利机会。

而且更重要的是，虚拟音乐会、虚拟观影、虚拟购物等非游戏活动也赋予了游戏一种社交属性，这种社交属性对于非游戏玩家来说是很有吸引力的。由此可见，元宇宙有能力扩大游戏的受众面，帮助游戏演变成一项受欢迎的全民活动。

6.2.2 内容创作突破：让玩家成为创作者

在元宇宙游戏中，玩家不只是玩家，也可以成为内容创作者。元宇宙游戏可以为玩家提供创作工具，赋能玩家创作。这样一来，玩家与游戏厂商都可以为游戏提供内容。

在传统游戏中，游戏开发商负责生产内容，而且内容所有权也属于游戏开发商。但在元宇宙游戏中，因为元宇宙与区块链、人工智能等技术息息相关，而且其本身带有一定的虚实共生性，所以内容生产者和玩家其实是可以共生的，游戏也更趋向于平台化。

游戏开发商代码乾坤曾经自主研发了一个游戏创作平台，名为《重启世界》。该平台融入了物理引擎技术，主要由两部分组成，分别是创造平台和年轻人社交平台。这两个平台都具有比较高的自由度和参与度，很受玩家的喜爱。

与 Roblox 相似，代码乾坤为玩家提供开发游戏的编辑器，这样就可以极大地降低玩家开发游戏的门槛。代码乾坤提供的数据显示，玩家只需要花费 6 个小时，就可以学会如何使用平台上的功能，而创造一款比较简单的游戏通常只需要两天。

在元宇宙时代，Roblox、代码乾坤等游戏开发商将生产内容的权利转交给玩家，为玩家制定相应的规则并提供无代码工具。玩家则可以充分发挥想象力和创造力，根据自己的喜好开发游戏。久而久之，玩家将成为真正的内容生产者，生产出大量优质、有吸引力的游戏。

6.2.3　价值突破：游戏资产具有交易价值

当前，为了激励玩家参与游戏，很多游戏都会设计一些激励机制，为玩家提供多种多样的游戏币奖励。但这些游戏币只能在游戏内交易，难以产生更大价值。元宇宙游戏能够搭建起完善的经济体系，将玩家创作的内容转化成数字资产，展现更大价值。

以 Roblox 为例，其在平台中搭建起了完善的经济系统，支持玩家在游戏中创作并以此获得收益。Roblox 的经济系统建立在平台中的虚拟货币 Robux 上。玩家可以从其他 Roblox 玩家和 Roblox 网站中购买 Robux，可以在游戏中消费 Robux，也可以通过设计道具、创作游戏等获得 Robux。同时，由于 Robux 可以与现实世界中的货币互相兑换，玩家能够将获得的 Robux 换成现实中的货币。

例如，美国某大学生就利用 Roblox 中的开发工具推出了自己创作的游戏 Welcome to Bloxburg。在推出游戏之后，这位大学生并没有做什么推广，但是随着第一批玩家的到来和玩家的推广，游戏吸引了大量玩家。Welcome to Bloxburg 中有完善的经济系统，依托虚拟货币 Robux 运行。玩家可以用 Robux 购买游戏中的道具，而这位大学生可以因此获得 Robux 奖励，并可以将 Robux 兑换成美元。在此之后，这位大学生在 Roblox 中推出了一系列游戏，获得了数十万美元的收入。

Roblox 的实践表明了游戏资产可以具有超越游戏的更高价值。同时这也体现出了一种倾向：在元宇宙发展的过程中，人们的生活和职业发展会发生巨大改变，人们可以在元宇宙中体验丰富的数字生活，通过在元宇宙中的创作获得收入。

6.3　市场兴起，元宇宙游戏成为游戏厂商新战场

在元宇宙游戏火热发展的态势下，老牌游戏厂商、游戏领域新秀等纷纷聚焦于此，进行新战场的布局。而这又进一步推动了元宇宙游戏领域的发展。

6.3.1　Epic Games：布局元宇宙游戏整体业务

作为打造了多个爆款游戏、推出了自研顶级游戏引擎的游戏巨头，Epic Games 是游戏行业的领头羊。在元宇宙游戏成为趋势之后，其将发展方向瞄准了元宇宙游戏领域，并获得了令人瞩目的发展。

从整体业务来说，Epic Games 有三大法宝，分别是游戏《堡垒之夜》、虚幻引擎和游戏商店 Epic Games Store。《堡垒之夜》是一款 TPS（Third-Personal Shooting，第三人称射击）游戏，因多样的玩法和联动吸引了上亿玩家，成为 Epic Games 的明星产品。虚幻引擎是全球最大的实时 3D 创作平台，为游戏开发者提供多样的技术和工具支持。游戏开发者可在此平台上设计、测试和发布各类游戏。Epic Games Store 中拥有超过 500 款游戏，聚集了超过 3 亿的用户。

依托先进技术和海量用户优势，Epic Games 在元宇宙的布局也更加深入，其布局主要集中在三个方面，如图 6-1 所示。

图 6-1　Epic Games 如何布局元宇宙

1. 以《堡垒之夜》探索元宇宙

《堡垒之夜》作为一款用户数量庞大、游戏生态健全的成熟游戏，成了 Epic Games 实践元宇宙的最佳阵地。经过多番调整，《堡垒之夜》融入了更多的元宇宙元素。目前，《堡垒之夜》已经上线了创造玩法，允许玩家在自己的岛屿上进行自由创造。同时，《堡垒之夜》中新增了更具社交功能的“派对岛”，这里没有任何任务，玩家可以在其中闲逛、与朋友畅聊、体验跳伞和钓鱼等小游戏。

此外，《堡垒之夜》还创造性地将现实中的演唱会搬到了游戏中。2021 年 8 月，《堡垒之夜》与“A 妹”莉安娜·格兰德携手，在虚拟世界里上演了 5 场沉浸式演唱会，每场约半个小时。通过参加演唱会，玩家可以获得雨伞、横幅图片等主题道具。

Epic Games 在《堡垒之夜》中的这些尝试无疑让玩家有了更多新奇的元宇宙体验。

2. 让虚幻引擎更易用

长期以来，虚幻引擎因具有极强的专业性而常常被用来开发高质量的大型游戏。但要想入局元宇宙，就需要吸引更多的用户参与元宇宙的建设中来。因此，Epic Games 需要将虚幻引擎变得更加易用，以吸引更多的初学者。基于此，Epic Games 与 Manticore Games 合作推出了建立在虚幻引擎上的游戏创作平台“Core”，为游戏开发者提供易于使用的工具。

3. 打破平台间的壁垒

元宇宙是一个开放的生态，需要更多的企业参与其中，而不是每个企业独立发展，筑起壁垒。在这方面，Epic Games 就在竭力打破平台间的壁垒。

在佣金方面，很多应用商店都会抽取 30% 的费用，而 Epic Games Store 只抽取 12%。Epic Games 尽可能地将应用商店打造成一个中介平台，提高平台的开放性。同时，Epic Games 和任天堂、Xbox、索尼等企业合作，实现了游戏的跨平台联机，统一了数据保存的标准。这在一定程度上打破了游戏平台之间的壁垒，有助于在未来形成更加开放的元宇宙。

游戏公司是生产元宇宙内容的重要力量。当前已经有很多游戏公司在游戏里融入了演唱会、会议、购物等多个生活中的场景，让玩家通过多样的沉浸式体验感受元宇宙的真实和奇幻。而在未来，更多开放的沉浸式游戏将会诞生，为元宇宙的最终实现提供温床。

6.3.2 网易：依托资源优势，备战元宇宙

在游戏领域深耕数十年的网易依托自身资源优势，将元宇宙纳入了公司未来发展规划。

当前，网易已经形成了多元化的产品矩阵，自主研发了《梦幻西游》《逆水寒》《阴阳师》等游戏，同时代理了《魔兽世界》《我的世界》等风靡全球的游戏。多元的产品满足了不同玩家的需求，帮助网易开拓了市场。

网易在元宇宙布局中主要有两大优势：一方面，网易有游戏开发背景，在人才、经验上有明显的优势；另一方面，网易在元宇宙的相关合作较多，如和索尼共同研发 VR 游戏，和 3D 虚拟引擎团队不鸣科技达成合

作等。这些都为网易面对未来的竞争打下了坚实基础。

在众多游戏厂商布局元宇宙的当下，网易也加快了进军元宇宙的脚步。除了申请元宇宙相关商标外，网易还进行了多方投资，如投资了虚拟数字人生态公司次世文化、虚拟形象技术公司 Genies、打造虚拟演唱会的直播公司 Maestro 等。在 VR 领域，网易投资了 VR 设备厂商 AxonVR、VR 直播公司 NextVR 等。

可以看出，网易的投资已经覆盖了 VR 技术、虚拟数字人技术、元宇宙内容的许多方面。谈及对未来的规划，网易 CEO 丁磊曾表示："在技术和规则各个层面上，网易已经做好准备了，我们怎么去做规则的设计，怎么去做技术的储备。所以你不用担心当元宇宙世界降临的那一天，我们不会没有准备，可能枪一响，我们跑得比谁都快。"

游戏元宇宙领域的竞争无疑是十分激烈的。相比一些初创企业，网易此类的老牌游戏厂商更具备研发元宇宙游戏新产品、进行全方位布局的实力。

6.3.3　中手游：打造古风特色游戏

2021 年 11 月，中手游官方消息透露了公司的"仙剑元宇宙"规划，即以自研产品《仙剑奇侠传：世界》为依托，打造虚拟与现实相互融合的元宇宙世界。《仙剑奇侠传：世界》将是国内首个具备开放世界元素的国风文化元宇宙游戏，同时还提供 VR 深度体验，玩家可以利用 VR 设备化身虚拟角色去体验仙剑世界。

《仙剑奇侠传：世界》是一款基于"仙剑奇侠传"IP 世界观的高自由度、沉浸式的开放世界游戏。其研发团队依托在 VR 技术、开放世界 PRG 技术等方面的研究，为玩家提供极具差异化的沉浸式体验。玩家可以根据自己的"想法"选择在"仙剑世界"中的生活方式，按照自己的意愿探索世界。

同时，玩家还能利用 VR 设备化身虚拟角色走进"仙剑世界"，与好友一起游历、斩妖除魔，和仙剑世界中的一草一木进行交互，亲身体验“御剑飞行”，甚至可以和好友在游戏世界来一场沉浸式剧本杀。

此外，在《仙剑奇侠传：世界》中，玩家们还能在游戏中的虚拟演出上，结识身处于不同地域的伙伴，跨越物理空间的限制。玩家不仅能享受如置身现场般清晰、美妙的音乐，还能与五湖四海的朋友进行多种形式的互动。

过往《仙剑奇侠传》系列中极为标志性的御灵玩法，在《仙剑奇侠传：世界》中也得到了延续。《仙剑奇侠传：世界》中的御灵玩法基于NFT技术，玩家拥有的每一只御灵都是独一无二的，这些御灵可以作为数字藏品在玩家之间相互赠送。

一直以来，用户创造都被认为是元宇宙必须具备的核心要素之一，Roblox大火的原因就是其拥有完善的UGC生态。玩家可以自由发挥想象力，不受开发者的规则限制，从而不断产出全新且有趣的内容，保证内容源源不断的供给。《仙剑奇侠传：世界》中也存在类似的内容生态，而且还向玩家提供了低门槛的UGC编辑器，让广大玩家可以轻松地进行内容创作。而玩家在游戏内所创作的内容，都将转化成数字资产。

《仙剑奇侠传：世界》虚拟经济生态方面也做了布局，玩家可以在游戏内购买土地、建造房屋或庭院，还可以在商业街区租赁、经营店铺，出售自己创造的游戏内容、皮肤、宠物等资产。

此外，在未来，仙剑元宇宙中的内容将出现在现实中，例如线上和线下联动的虚拟演出，虚拟场景会逐渐与现实场景实现更多的融合。

6.3.4 沙盒网络：以UGC生态建设为核心利器

2021年11月，珠海沙盒网络科技有限公司（以下简称“沙盒网络”）获得2亿元融资。公司披露，将把这笔资金用于元宇宙产品研发和UGC生态建设。

沙盒网络通过技术创新和用户积累，推出了游戏平台Blockman Go和开发者平台 Blockman Editor。同时，两款产品是基于自主研发的游戏引擎而产生的，这也为平台上的开发者提供了技术支撑。

沙盒网络的发展目标是打造一个所有用户都愿意生活在其中的虚拟空间。而这一目标的实现可以分为三个阶段。

阶段一：通过多样的游戏内容吸引用户，并以此形成一个月活过千万的虚拟社区。

阶段二：通过赋能创作者形成自下而上的内容生产模式，不断完善平台中的内容生态。

阶段三：结合平台服务和用户创意，打造一片能够让用户获得优质体验、帮助用户创造价值的线上生活乐土。

目前，沙盒网络的游戏 UGC 平台已拥有 500 万左右的日活跃用户以及 20 万左右的月活跃开发者，处于第一阶段逐渐向第二阶段转变的状态。

沙盒网络的游戏 UGC 平台有哪些优势？一方面，平台具有很好的兼容性。一些用户使用的设备内存较小、中央处理器性能较弱，Blockman Go 针对这些设备进行了优化，以保证用户有流畅的游戏体验。另一方面，沙盒网络具备更接地气的本土化特性。其在不同的国家有不同的本地化运营团队，能够根据本地区用户的建议进行个性化优化。

很多事物的发展都是由需求和技术所主导的，元宇宙也是如此。当下，很多企业都聚焦于元宇宙技术，却忽视了对于元宇宙需求的关注。而沙盒网络就更加关注用户对于元宇宙的需求，力求打造一个能够让用户挥洒感情、创造价值、获得身份认同的虚拟空间。

6.4 发展方向：元宇宙游戏从游戏走向元宇宙

未来，当前的元宇宙游戏将向着元宇宙方向进一步发展，融合更多的元宇宙因素，逐渐发展为更加完整的生态。一方面，去中心化游戏将在未来成为主流；另一方面，游戏与社交的融合将进一步加深。

6.4.1 去中心化游戏将成为主流游戏

基于去中心化游戏与元宇宙的相似性，未来，更多的去中心化游戏将会出现，甚至成为游戏领域的主流。当前，受元宇宙影响，市场中的去中心化游戏正在不断涌现。在这方面，基于元宇宙、区块链等技术打造的去中心化游戏资产交易平台 PlanckX 就是一个很有代表性的案例。

PlanckX 建立了多个以立方体形式存在的三维空间，每个三维空间都可以承载一个虚拟世界。在这些虚拟世界中，玩家不需要担心游戏资产所有权归属不明确等问题。因为 PlanckX 是一个中心化平台，可以打破分发平台的垄断，避免出现不公平的收入分成现象。

在区块链的助力下，玩家付出的时间和精力被货币化，PlanckX 本身具有的经济体系可以让玩家和游戏开发商实现真正的互利共赢。可以说，PlanckX 在玩家和游戏开发商之间打造了一个可以自由连接的空间，在这个空间里，他们将享受到极致的去中心化服务。

PlanckX 的目标是建立一个开放、去中心化的元宇宙世界，将传统的负责游戏分发的中心化平台剔除。要实现这个目标，经济体系是非常重要的。一个优秀的经济体系不仅能够保护各方的利益，还能够维持经济生态的平衡。PlanckX 的经济体系主要有以下几个关键点。

（1）重视私有通证，保证其价值是不断提升的。

（2）完善交易流程，打造经济生态闭环。

（3）成立去中心化的自治组织，更好地平衡个体利益和集体利益。

传统游戏领域面临分发成本高等问题，PlanckX 借助去中心化的经济体系，为该问题提供了一个非常不错的“元宇宙 + 区块链”解决方案。PlanckX 发行游戏资产，将游戏资产所有权转交给玩家，也允许游戏开发商利用游戏资产盈利。

综合地看，PlanckX 是一个透明、公开、所有权共享的去中心化平台。面对迅猛发展的元宇宙市场，PlanckX 立志成为现实世界与虚拟世界的流量入口，同时希望可以和优秀的玩家、游戏开发商一起，建立一个没有第三方的元宇宙游戏世界。

6.4.2　游戏与社交紧密统合，虚拟社交体系完善

作为一个完善的数字生态，元宇宙中包含着多种多样的社会关系。未来，元宇宙游戏也将在发展过程中搭建起更多社会关系。其中的主要表现就是游戏与社交的关系将变得更加紧密。

当前，很多企业都瞄准“社交 + 游戏”细分领域，进行新的探索。例如，实时互动云服务商声网（Agora）打造了互动游戏解决方案，在游戏中融入社交功能。这样不仅可以让玩家在游戏中获得很强的参与感，还可以解决游戏开发商变现难的问题，从而使玩家和游戏开发商都“赢在起跑线上”。

目前声网的互动游戏解决方案有以下几种非常不错的玩法。

（1）游戏 PK。主播在虚拟世界中发起游戏 PK，带领已经建立了虚拟角色的玩家与其他主播进行对战。玩家可以在游戏过程中为自己心仪的主播助力，从而影响 PK 结果。

（2）多人游戏同玩。主播在虚拟世界中创建同玩游戏，玩家可以加入其中，与主播一起游戏，并和主播进行音视频连麦互动。这样可以进一步

提高玩家的留存率。

（3）1 对 1 游戏。即由私密聊天的双方发起的游戏，比较适合 1 对 1 互动场景。

声网开发的互动游戏解决方案与很多社交场景都很匹配，玩家可以实现“即开即玩”。目前声网乘着元宇宙的“东风”，积极打造互动类游戏，并和元气互娱、忽然科技、执象科技等合作，携手推出一系列游戏，例如《王国激战》《碰碰我最强》等。

未来，元宇宙还会不断发展。声网将和更多游戏开发商合作，以便积累丰富的游戏资源，创造更多基于“社交 + 游戏”模式的新玩法，从而进一步完善整个游戏生态。

第 7 章
元宇宙社交：实现社交场景无限延伸

社交也是元宇宙落地的重要场景。不同于隔着屏幕的传统线上社交形式，元宇宙社交将突破屏幕限制，在多样的虚拟社交场景中实现更具真实感的沉浸式社交。当前，元宇宙社交领域聚集着众多企业，其不断的探索将推动元宇宙社交场景实现无限延伸。

7.1 打破传统社交壁垒，更新社交体验

相比于传统社交模式，元宇宙社交将打破时空限制，搭建起多样的虚拟社交场景，实现人与人之间更深层次的连接。这些都将为用户带来社交新体验。

7.1.1 实现更深层次的连接

技术的发展推动了社交方式的变革。从文字、图片到短视频和直播，社交方式经历了多次变革。当前，社交环境正在经历着新的变化，元宇宙社交成为社交发展的新方向，沉浸式虚拟社交将在未来成为现实。目前，已经有一些企业在这方面进行了探索。例如，天下秀公司于 2021 年推出

了我国第一个基于区块链的虚拟社交平台“虹宇宙（Honnverse）”。

该产品基于区块链技术形成去中心化的社交场景，能够为用户提供沉浸式的社交体验。在这里，用户可以获得虚拟形象、打造个人身份，获得虚拟房产并进行个性化的装修。值得一提的是，在房屋中的音响、电视、展示墙中，用户可以自行加入自己喜爱的音频、视频或图片，展示自己的个性。同时，虹宇宙不仅支持用户进行虚拟社交，还支持数字藏品交易，具有完善的经济体系。

元宇宙下的沉浸式虚拟社交将给当前的社交场景带来颠覆性的变革。当人们身处社交元宇宙中时，他们可以以虚拟化身，凭借个人兴趣在接近真实的虚拟世界中找到志同道合的伙伴，建立新的社交连接。简单来说，元宇宙中的社交将摆脱当前社交中的羁绊，兴趣爱好将成为交友的主要考量因素。同时，以更长远的目光来看，全新的社交场景将催生多样的内容，带来商业形态的创新。

在这个过程中，对于企业来说，怎样通过技术保证用户体验是其关注的核心问题。其中，企业需要注意的一点就是在元宇宙社交中，连接依旧是本质。

虹宇宙就是连接用户、创作者和品牌的一种新的尝试。在虹宇宙的社交场景中，用户可以自由建立数字化的社交关系，而创作者可以在开放的内容体系中进行创作，获得更好的创作体验。同时，在这个完善的社交生态中，品牌能够将现实世界的营销场景搬到虚拟世界中，甚至在这里创造现实中没有的营销场景。

社交元宇宙意味着更多的连接，这不仅指的是用户社交关系与社交场景间的连接，也包括虚拟世界与现实世界的连接。只有做好这两方面的连接，社交元宇宙才能够更好地实现并发展。

7.1.2 实时 3D 虚拟社交已现雏形

在元宇宙社交未实现之前，实时 3D 虚拟社交已经展现了元宇宙社交的雏形。用户可以借助 VR 设备登录社交平台，在其中的虚拟世界中体验沉浸式实时交互。

目前，已经有一些企业在这方面进行了探索。例如，VRChat 就为用户打造了一个虚拟社交空间，用户可以自行创建虚拟形象和聊天室，和来自世界各地的用户聊天，一起上课、玩游戏等。借助全身追踪设备，用户甚至还可以在虚拟世界中斗舞。

作为一款深受用户喜爱的 VR 社交应用，VRChat 常年占据 Steam 和 Oculus Rift 商店榜首，同时在线人数突破 2.4 万。VRChat 为什么会如此火爆？主要原因就在于 VRChat 沉浸式的虚拟社交场景为用户提供了多样、新奇的虚拟社交体验。

卡通形象的虚拟化身是 VRChat 的最主要功能之一，用户可以自由创造自己的虚拟形象，甚至在虚拟世界中扮演自己的虚拟偶像。同时，用户可以以此虚拟化身和其他用户进行互动，甚至可以触碰其他用户的虚拟化身。

虚拟空间打破了现实中的地域限制，在这里，用户可以遇到来自各个国家的人，和他们交流、玩游戏。同时，VRChat 中不同的场景都有相应的标签，如中文吧、英语角等，用户可以自由选择自己想要进入的场景。

作为众多年轻用户的聚集地，VRChat 中有许许多多有趣的灵魂。有特别喜欢聊天的话痨、喜欢发呆的透明玩家、喜欢在虚拟世界中看动漫的"宅男"，甚至有在 VRChat 中睡觉的重度玩家。这些形形色色的人组成了 VRChat 中别样的风景，形成了自由开放的社区氛围。

此外，VRChat 具有和元宇宙相似的延展性，支持用户自定义游戏和虚拟世界。用户可以根据自己的虚拟身份创建新的虚拟世界，并向其他用户开放。这意味着，VRChat 用户可以不断地探索新事物。

实时 3D 虚拟社交是互联网社交的未来，随着元宇宙社交的发展，异地朋友相聚于虚拟空间将成为常态。

7.1.3 三大功能解析元宇宙社交

元宇宙社交有何特点？其不仅能够为用户提供虚拟化身和多样的虚拟社交空间，还能够赋能用户创作虚拟形象、社交道具、社交场景等。具体而言，元宇宙社交将实现三大功能，如图 7–1 所示。

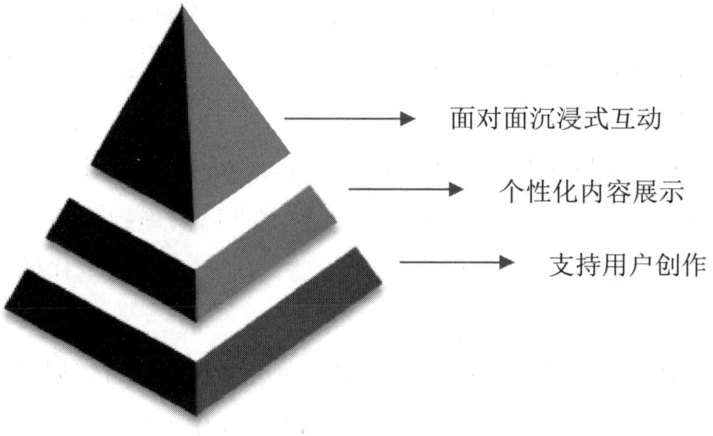

图 7-1 元宇宙社交实现的三大功能

1. 面对面沉浸式互动

元宇宙社交能够提供给用户沉浸式的互动体验。一方面，在元宇宙中，用户不再通过传统的文字、图片等形式进行互动，而是可以通过语言、动作等进行实时的面对面交互。另一方面，随着元宇宙的发展，各种活动场所如游乐场、商业区等都会在元宇宙中出现，用户可以在其中轻松开展各种有趣的互动。

2. 个性化内容展示

个性化的内容是社交的重要标签。个性化的内容能够体现出用户的爱好，并以此聚集志同道合的朋友。而元宇宙中的社交会更加个性化，用户的个性化形象、房屋的装修风格、收藏的数字音乐等都可以展示用户的个性。依据这些个性化元素，用户可以搭建更垂直的社交社区，或者轻松找到和自己惺惺相惜的伙伴。

3. 支持用户创作

在元宇宙中，场景化的虚拟社交将催生多样的内容创作者，如捏脸师、装修达人等。创作者能够通过新的经济模式获得多元收益，而在这些创作者的帮助下，用户也能够拥有新奇有趣的社交体验。

虹宇宙已经在以上三个功能上进行了尝试。

在面对面沉浸式互动方面，虹宇宙用一种 3D 且自定义的手段，将语音、视频等融入社交场景中，使得用户的社交更加趋近真实。虽然当前很多场景还未搭建完毕，但虹宇宙官方透露，未来，俱乐部、商业区等现实生活中常见的场景将在虹宇宙中出现，为用户提供更多的社交场景。同时用户也可以将自己的房屋作为社交场所，举办虚拟音乐会、展览等。

在个性化内容展示方面，虹宇宙支持用户个性化定制自身形象、装饰房屋等。同时用户收藏的数字音乐、数字艺术品等都可以向其他用户展示，以便聚集兴趣爱好相同的伙伴。

在用户创作方面，虹宇宙支持用户自由创作内容，并为内容的曝光、互动等提供了多样玩法。同时，在去中心化社交模式下，创作者的社交资产安全将会得到充分的保障。

虹宇宙并不是十分完善的元宇宙社交产品，但其当前的这种尝试却体现出了其公司对于元宇宙社交的期待和向往。社交不是元宇宙唯一的应用场景，但会为元宇宙落地提供肥沃的土壤。未来，随着更完备、更成熟的元宇宙社交产品的出现和融合，将会形成更加真实、与现实结合得更加紧密的元宇宙社交生态。

7.2 企业动作不断，探索元宇宙社交新场景

元宇宙社交领域存在广阔的发展前景，基于此，众多社交领域的知名企业纷纷转变方向，探索元宇宙社交新道路。

7.2.1 Meta 进行平台整合，深化元宇宙社交优势

作为元宇宙的忠实粉丝，Meta 自然不会错过布局元宇宙社交的机会。在元宇宙爆发之前，Meta 已经是全球社交领域的佼佼者，而在这一新的方向出现后，其加快了平台整合的脚步，推出了更新后的 VR 社交平台 Horizon Worlds。

在 Horizon Worlds 中，用户创建好自己的虚拟化身后，就可以通过传送门前往各个虚拟场景，和其他用户体验多样的游戏，或参加绘画、高尔夫等不同主题的聚会。除了体验不同的场景外，用户也可以创建自己的世界。Horizon Worlds 为用户提供多样的创作工具，用户可以借助这些工具和其他用户合作共创并分享创建进度。

依托先进的 VR 技术，Horizon Worlds 能够识别用户的表情和手势，使得虚拟化身的表情、动作更加自然，带给用户更高的沉浸感。同时，为了强化社交功能，Horizon Worlds 推出了发现附近好友、申请加好友等社交功能，便于用户在虚拟世界中交朋友。

元宇宙社交需要大量的内容作为支撑。为了激励 Horizon Worlds 中的用户积极进行内容创作，2021 年 10 月，Meta 宣布成立一个 1000 万美元的创作者基金，鼓励用户创作内容。

为了丰富 Horizon Worlds 中的内容，Meta 制订了详细的创作激励计划、

资金奖励机制。并且，Meta 表示将在未来举办一系列的创作比赛，丰富 Horizon Worlds 的世界。当前，Horizon Worlds 已经实施了创作者激励计划，帮助用户学习、使用该平台的创作工具并进行创作。第一阶段的激励项目结束后，参与该项目的创作者已经创建了数百个虚拟世界。

此外，Horizon Worlds 还不断地对平台上的工具进行升级和简化，以便于用户创作。自 Horizon Worlds 推出至现在，其创作内容的过程变得越来越简单，用户规模也得到了大幅增长。

Meta 在社交元宇宙方面的探索很好地发挥了其 VR 技术和用户基础的优势。Horizon Worlds 在继承 Meta 优良社交基因的基础上，也会不断加快进入元宇宙的脚步。

7.2.2　Soul 聚焦用户创作，打造竞争优势

有着“年轻人的社交元宇宙”标签的 Soul 一直是我国元宇宙社交领域的重量级选手。作为我国较早布局元宇宙社交的产品，Soul 始终没有停下脚步，依旧在不断打磨自身优势。2022 年，Soul 不断发展，升级为一个去中心化的产品，在虚拟形象立体化、沟通智能化、社交体验游戏化等方面建立了明显的优势。

在 Soul 这个高度开放的虚拟世界中，人们可以充分发挥自己的才华，创造与众不同的新玩法，建立一个个性化的社交生态。此外，人们也可以表达自我，根据实际情况创建虚拟化身，找到志同道合的知己，并基于兴趣图谱体验沉浸式社交。

当然，Soul 也会与大家一起努力，携手共建社交生态。为了进一步激发人们共建社交生态的积极性，Soul 还开启了 SSR（Soul Super Real，优秀内容创作者的统称）认证，认证标准包括内容消费、粉丝增长速度、粉丝黏性等。这样不仅可以挖掘出更多热爱生活、敢于发声、创作能力强的优秀内容创作者，也可以引导正向价值观。

目前 Soul 的 SSR 认证有三种方式：自主申请、官方邀请、平台外引

入。人们可以选择适合自己的方式。完成 SSR 认证后，Soul 会为优秀内容创作者提供相应的权益和奖励，如专属运营、品牌合作机会、商务合作机会等，以便更好地提升其创作热情。

值得注意的是，在共建体系中，捏脸是非常重要的环节，该环节催生了一个新兴职业——捏脸师。Soul 提供的数据显示，目前有大约 80 位捏脸师通过数字化工具为虚拟人物捏脸。这些捏脸师将自己的爱好变成工作，用创意和艺术感在 Soul 上创造着价值。部分捏脸师因为能力出众、审美高级，月收入甚至可以超过 4 万元。

随着时代的不断发展，越来越多像捏脸师这样的新兴职业会出现并逐渐发展，如与虚拟世界、数字化产业相关的职业等。与此同时，人们会有更多样化的工作选择，也有更多机会能找到自己真正喜欢的职业，从而在工作中获得更大的认同感和幸福感。

7.2.3 Kakao 开放功能，布局元宇宙社交生态

2022 年 6 月，韩国知名社交平台 Kakao 宣布开放链接功能，深化社交元宇宙布局。这并不是 Kakao 首次布局元宇宙社交，此前，Kakao 就宣布投入 10 亿美元进行元宇宙项目研发。

在元宇宙方面，Kakao 的愿景是从社交领域开始布局，逐步将 KakaoTalk 升级为一个可以让人们结识知己的虚拟平台。Kakao 曾经公开强调，KakaoTalk 自带的消息传递功能暂时不会有很大变化，未来 Kakao 旗下的附属公司也会将自己的业务和产品与 KakaoTalk 打通，从而打造一个更立体、现代化的元宇宙社交生态。

为了更好地完善元宇宙社交生态，Kakao 旗下的子公司 Kakao Brain 致力于开发智能软件，包括交互式 3-D 字符生成器、会话 App 等。在 Kakao Brain 的助力下，KakaoTalk 不再只是一个聊天工具，而是一个包含非目的性交流要素，可以让人们享受到社交乐趣的现代化产品。

2022 年下半年，Kakao 还会优化 KakaoTalk 的简历功能，帮助人们展

现一个真实、更有吸引力的自己。此外，Kakao 还计划为 KakaoTalk 增加一些比较有趣的功能，如朋友标签、对话标签、情侣打分、自定义角色、宠物头像装饰等，让人们更愿意与他人进行社交。

Kakao 甚至可以成为内容创作者的福音，帮助内容创作者获得盈利。具体来说，Kakao 自带广告宣传、会员订阅、在线打赏、电子商务等功能，这些功能都可以成为内容创作者的收入来源。例如，内容创作者可以在自己的文章、视频中加入广告，来赚取相应的广告费用。

未来，Kakao 将打造一个元宇宙社交共同体，不断扩大业务范围，整合内外部资源以实现虚拟世界与现实世界的融合。Kakao 还计划推出一种新业务，这种业务不仅可以让人们创作属于自己的虚拟角色，还可以让人们像朋友一样与这个虚拟角色对话。

Kakao 是元宇宙社交领域的代表性企业，其目标是用一个 Kakao 连接世界上所有关心话题的世界。相信在不久的将来，Kakao 就会实现这个目标。

7.3 多功能融合：元宇宙社交融入更多现实功能

除了更新线上社交体验之外，元宇宙社交还将在发展的过程中融入更多现实功能，拓展应用场景。购物、办公等场景都将在元宇宙社交应用中实现。

7.3.1 元宇宙社交电商发展，实现购物功能

当前，依托微信、抖音等平台兴起的社交电商在市场中已经十分普遍。而在元宇宙中，元宇宙社交电商也将成为社交电商新模式。

当前，已经有一些企业进行了这方面的探索。例如，物联网企业卓倪就推出了主打“元宇宙＋社交电商”的平台“元域洲 Space”。该平台以区块链、人工智能、物联网等技术为依托，可以帮助消费者省钱，也能让商家和贡献者赚钱。

“元域洲 Space”的目标是成为元宇宙时代的“淘宝”。虽然现在元宇宙还处在蓝海市场中，但要想在元宇宙领域打造一个像淘宝这样深受人们喜爱的平台并没有想象中那么容易。那么，“元域洲 Space”是如何为实现目标而努力的呢？具体可以从以下几个方面进行说明。

（1）在电商领域已经出现多个巨头的情况下，“元域洲 Space”依靠火爆的元宇宙异军突起，以新时代电商引导者的姿态进入市场，吸引了一大批消费者。其采取了比较新颖的“自己购物省钱＋分享产品赚钱”模式，通过多种积分玩法，在电商领域找到了属于自己的位置。

（2）“元域洲 Space”将业务分为四大板块：数字藏品、虚拟直播、虚拟空间、智慧社交，并借助元宇宙赋能传统电商，推动消费转型升级。这

四大板块与 AR、VR 等技术融合，以 3D 形式向消费者展示产品，货源保真而且可以溯源。在“元域洲 Space”上进行的所有交易都是安全、透明的，交易双方可以实时同频、同声互动，形成了一个完美的交易闭环。

（3）“元域洲 Space”是电商领域的黑马，开创性地提出了“元宇宙 + 社交电商”的新理念，可以很好地解决传统电商的痛点。与传统电商相比，“元域洲 Space”具有重视品质消费的特点。“元域洲 Space”致力于将自己打造成元宇宙时代的标杆电商企业，为中产阶级提供高品质生活。

（4）基于“元宇宙 + 社交电商”的新理念，“元域洲 Space”将对电商领域的商业模式进行创新，即以“自营 + 招商入驻”为核心，使消费者享受虚实融合的沉浸式购物体验。从商业价值角度来看，元宇宙可以为“元域洲 Space”带来新用户，并拓展新市场。

未来，“元域洲 Space”将在社区自治和分配方面下功夫，确保消费者能够以社区为单位参与决策、投票、分红等。相信在不久的将来，“元域洲 Space”将成为新一代消费引擎。

7.3.2　元宇宙社交与办公结合，满足社交与办公需求

受新冠肺炎疫情影响，线下办公受阻，居家办公成为很多企业办公的重要形式。借助各种办公软件，用户可以在其中自由沟通、发送文件等。但这些软件只能实现办公的基本需求，却难以实现用户在办公中的社交需求。基于此，一些融合社交与办公元素的元宇宙平台兴起，为用户提供更好的办公体验。

美国的一家互联网企业就经常在 Immersed 上远程办公，让员工可以轻松、高效地与自己的同事沟通。Immersed 允许员工创建虚拟形象，并自由地选择肤色、服装、配饰等。更惊奇的是，Immersed 还为员工提供与线下场景类似、自带涂鸦与办公设备的虚拟办公空间，以便让员工享受沉浸式办公体验，更便捷地与同事进行头脑风暴。

在 Immersed 打造的虚拟办公空间中，用户的虚拟形象只要靠近同事

的虚拟形象，用户说的话就可以被同事听到，而双方一旦拉开距离，便无法再沟通。在这个过程中，用户及其同事可以获得与线下场景高度一致的听觉体验，进一步增强了远程办公的趣味性与沉浸感。

除了 Immersed 以外，元宇宙办公平台 ARK 也很受欢迎。ARK 的要务是将元宇宙社交与办公场景融合在一起，弥补传统远程办公产品的社交短板。为此，ARK 加入了一些与社交相关的功能，如让员工在茶水间、电梯间、餐厅讨论工作的功能，这样可以很好地避免异地沟通所带来的界限感和割裂感。

在 ARK 上，员工可以像在线下办公那样坐在自己的工位上处理工作，也可以站起来走到同事的工位前，与对方讨论、共同解决工作问题。

通过上述 Immersed 和 ARK 的案例，可以预见的是，以后随着 VR、AR 等技术的不断升级，融合了元宇宙的社交场景和办公场景将更具沉浸感与趣味性，而且这些场景会在不同的终端上实现。到了那时，元宇宙的价值将进一步释放，企业也可以拥有更广阔的商业空间。

第 8 章

教育元宇宙：引领教育智慧化变革

技术是推动教育发展的核心动力。线上教学平台的兴起实现了教学模式的数字化，而元宇宙的兴起将实现教育的数字孪生化、智能化。元宇宙与教育的结合将深刻变革当前的教育模式，促进智慧教育的发展。本章将以凤凰创壹这家专注于提供未来教育解决方案的高新科技企业为例，简述传统教育如何向虚实融合的智慧教育转型。

8.1 虚实融合成为教学新景象

随着元宇宙教育的发展，教学场景也将从现实走向数字孪生虚实融合。在虚拟世界不仅可以搭建多样的数字孪生虚拟教学场景，还能够实现老师与学生的实时互动。老师与教学场景的数字孪生虚实融合将成为教学新景象。

8.1.1 真人老师变为虚拟老师，实现智慧化教育

当前，由真人老师主导的线下教学是教学的主要模式。而在元宇宙中，真人老师将被虚拟老师取代，教学过程也将变得更加智能。

教育领域存在的一种普遍认知是：相比当下的大班授课模式，由经验丰富的老师进行一对一个性化教学能够产生更好的教学效果。但由于教育资源匮乏，一对一授课模式难以大面积推广。而虚拟老师的出现则可以解决这个问题，可复制的虚拟老师可以一对一教授成千上万名学生，并且根据学生的学习情况进行个性化教学。

一方面，搭载 AI 系统的虚拟老师可以根据学生各科知识的掌握情况，智能设计科学、合理的教学方案；另一方面，在教学过程中，虚拟老师能够根据学生对教学内容的掌握情况随时调整教学进度，帮助学生更好地理解所学知识。同时，虚拟老师可定期检测学生对于知识的掌握情况，并且通过大数据分析，实现结果自动化评价，以此完善教学方案，提高教学质量。

综合来看，虚拟老师在教学方面具有明显优势，能够实现更大范围的智能化、个性化教学，而这也将加速教育领域迈向元宇宙。

8.1.2 虚拟教学场景成为趋势，交互更加沉浸

当前，由于技术限制，知识的传播主要是通过老师口述描绘、短视频展示等形式来实现，然而学生理解能力差，传统实践教学效率低，导致教学效果大打折扣。而随着元宇宙在教育领域的应用，数字孪生虚拟教学场景将成为现实。

在这方面，针对教室讲台展示、实训教学演示 / 示范成本高昂及示范过程中存在一定安全隐患等问题，凤凰创壹推出了立体沉浸、深度学习的 3D-LED MR 教学系统。

该系统主要通过 MR 技术将虚拟仿真教学内容与老师授课的实时空间画面混合，让学生通过立体眼镜沉浸到老师实时操作的数字孪生虚拟仿真教学场景中，让老师的教学更加立体形象，让学生具有跟老师一样的空间立体想象能力与逻辑思维能力。

在 3D-LED MR 教学系统的支持下，老师可以通过交互手柄与教学场

景数字孪生模型进行实时互动，如演示教学场景中各种设备数字孪生仿真结构原理、安全操作规范、拆装等操作。学生则佩戴 3D 眼镜，从 3D LED 环幕中实时看到老师与数字孪生教学仿真场景的交互过程，同时也可通过手柄进行协同互动操作。

3D-LED MR 教学系统可以帮助学生更高效地掌握老师讲授的专业知识，身临其境感受到真实的场景，提高学生学习兴趣和理解能力，同时提升老师的教学质量。沉浸式 3D-LED MR 教学系统真正解决了课堂专业知识传递效率低的问题。

8.2　教学新尝试，不同路径探索教育元宇宙

随着元宇宙的爆炸式发展，一些企业或平台进行了教育元宇宙方面的诸多尝试，试图描绘元宇宙雏形。智能教育设备、新型元宇宙教育平台不断涌现。

8.2.1　着眼智能教学新场景，推出新产品

我国教育正面临着重要的教学模式改革。在人工智能持续发展的趋势下，将互联网智能教育与传统教育相结合，打造智能教学新场景，解决当前传统教育所面临的各类难题，提高学生的就业水平及能力已是大势所趋。

教学模式的变革依赖于教学设备的变革。在这方面，凤凰创壹虚拟仿真实训中心推出了一系列全身参与、人手一机操作、具有物理属性的数字孪生仿真设备。该系列设备借助虚拟现实、数字孪生等先进技术，适应多种学科、行业场景，实现教学场景中各种数字孪生虚实融合的互动。

以数字孪生虚实融合数控 i 8 多轴训练机为例，如图 8-1 所示，其通过真机数控操作面板和真机手轮，能够连接数字孪生五轴数控机床。同时，所有操作过程和真机操作一样，可以根据需要更换不同型号的数控机床，包括车、铣、加工中心等。

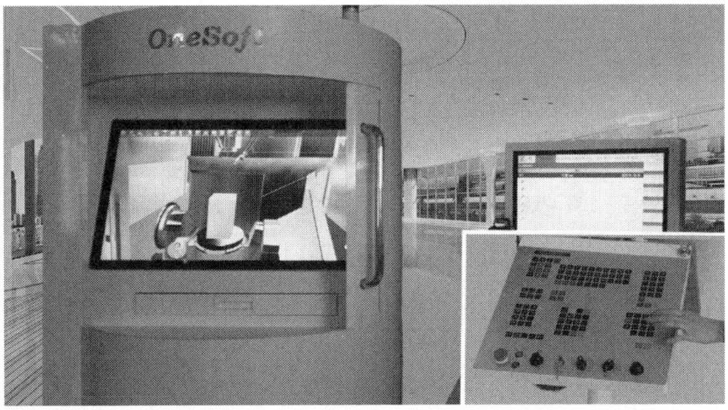

图 8-1　凤凰创壹数字孪生虚实融合数控 i 8 多轴训练机

除此之外，该设备还设有自动解码器，可以通过更换操作面板贴膜实现数控系统自由切换，同时提供多达 25 款机型，覆盖了数控车、数控铣、加工中心和五轴加工中心等多种类型机床。在真机功能复刻的基础上，该设备同步配备了凤凰创壹公司自主研发的智能导学和智能系统，能够对学生在数字孪生虚实融合数控 i 8 多轴训练机上的操作过程进行全面跟踪和记录分析，实现对学生操作过程智能化评价和实训结果自动评分。

针对智能制造行业，凤凰创壹数字孪生虚实融合智能制造实训台（如图 8–2 所示）通过真机 PLC（可编程控制器），对智能制造产线进行控制，可实现控制过程跟真机操作一致。同时，该实训台可根据需要更换不同型号的 PLC、机器人、数控机床，组成不同的产线进行训练。

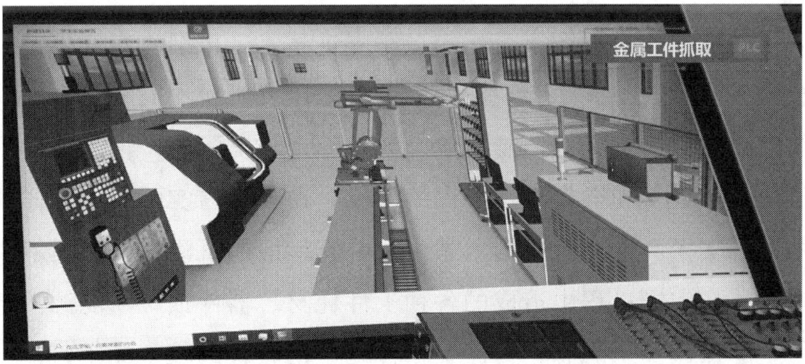

图 8-2　凤凰创壹数字孪生虚实融合智能制造实训台

针对汽修行业的培训方案，凤凰创壹则打造了虚实融合汽车维修实训台，如图 8–3 所示。该实训台通过真机汽车故障诊断仪连接数字孪生汽车，进行汽车故障诊断。找到故障码后，可以通过真机万用表或示波表检测各种电路信号，找到故障器件进行维修，同时支持更换不同的汽车型号。该实训台通过对各类故障的模拟，可以让学生深入了解发动机电控系统正常信号与异常信号之间的差异，按照 4S 店标准的操作流程进行故障诊断，理解不同故障的诊断方法以及诊断策略。

图 8-3　凤凰创壹虚实融合汽车维修实训台

借助虚拟现实、数字孪生等多种先进技术，凤凰创壹开发了一套虚实融合数字孪生的智能实验设备。该设备采用真机操作面板结合驱动具有物理属性的数字孪生虚拟控制对象，模拟一个与实际生产情况一样的控制过程，让学生获得和操作真机一样的手感，在一个与实际生产一样的实训环境中进行实操。这既可以带给学生身临其境般的沉浸体验，又解决了真机实训设备在实操过程中造成的各种工件耗材、器件损耗、能源消耗，以及各种生产操作安全隐患，构建了一种元宇宙教育的教学场景，让参与其中的师生获得了一种全新的教学和学习体验。

8.2.2　聚焦教育元宇宙平台，创造教学新场景

在教学过程中，没有相应的场景，教学效果将大打折扣。基于此，不少企业开始研发与元宇宙教育相关的平台，为用户提供沉浸式学习体验。

Invact Metaversity 是一家为全球学生提供沉浸式虚拟学习体验的元宇宙教育公司。它打造了一款 3D 沉浸式虚拟学习平台，致力于将现代教育与元宇宙结合起来，打造教育元宇宙。

Invact Metaversity 的目标是打造全球首个 3D 沉浸式虚拟学习平台，在这个平台中，学生以虚拟形象进行交流，老师与老师、学生与学生、学生与老师之间可以自由地、无障碍地沟通，而不需要考虑各自所处的地理位置，也不会受语言不通这一问题的困扰。

而 Invact Metaversity 中的虚拟现实学习场景也不仅仅局限在教室中，无论是地球上的自然风光，还是宇宙中的星系，学生们都能够在其中漫步、探索。这样的场景和可互动操作极大地增强了学生学习的沉浸感，提高了学生的学习效率和对知识的理解能力。

此外，Invact Metaversity 还设立了社区，所有在平台中学习的成员都可以加入对应的社区，并在里面有自己的虚拟动画形象，像现实世界中的社区一样。

Invact Metaversity 的负责人认为，随着时代的发展，曾经昂贵的 VR、AR 等设备已经逐渐进入大众的日常生活，而且这些硬件设备的功能也日趋完善。同时，成长在数字化时代的新一代学生也迫切需要改变传统教育的教学方式，改变原有的刻板教学思维。内部、外部条件都已经发展成熟，现在正是开启教育元宇宙的黄金时期。

目前，Invact Metaversity 提供了为期 16 周的 MBA 课程，第一批学员已于 2022 年 5 月 12 日正式上课。在此次沉浸式虚拟学习课程结束后，Invact Metaversity 的合作伙伴，例如微软、谷歌、推特等知名互联网企业，将为这些学生提供营销、编程、金融等方面的岗位。

8.3 教学深化变革：虚拟教学体验提升

未来，在企业的不断布局之下，教育元宇宙将深化发展。一方面，数字孪生虚拟教学场景将实现进一步创新，各类数字孪生虚拟实验室将会出现；另一方面，数字孪生虚拟教学将变得更具趣味性，实现寓教于乐。

8.3.1 虚拟教学场景多样，教学内容更加丰富

未来，随着教育元宇宙的发展，数字孪生虚拟教学场景将变得更加多样。书本上的知识将会“活”过来，以立体的形式展现在师生面前。具体而言，以下三种虚拟教学场景或将实现，如图 8-4 所示。

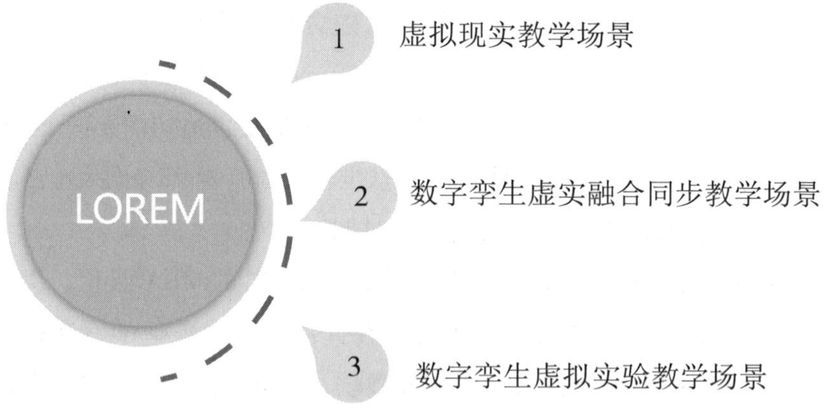

图 8-4　三种虚拟教学场景

1. 虚拟现实教学场景

虚拟现实教学指的是借助 VR 设备，身处不同城市甚至不同国家的学生和老师可以相聚于同一个虚拟教学场景中。在其中，师生可以通过虚拟形象互动，并在拟真的虚拟场景中实现更好的教学。

例如，如果老师需要向学生讲解全国各地的景点，那么就可以和学生一起“瞬移”到各个景点，在拟真的景点中感受景点的历史渊源及文化风貌。在游览的过程中，老师可以随周围环境的变化讲解景点的结构、介绍美轮美奂的艺术品等。在这方面，凤凰创壹已经落地了旅游专业虚拟现实教学场景应用，帮助老师在虚拟场景中完成教学，如图 8-5 所示。

图 8-5　凤凰创壹旅游专业虚拟现实教学场景应用

再如，如果老师需要教授学生英语口语，那么就可以将学生带入一座虚拟的英国都市中。在其中，学生可以感受周围真实的对话环境，自由地和虚拟世界中的司机、店员等进行不同场景的对话，提升自己的英语水平。同时，在实际的对话场景中，老师也可以随时指出学生表述中的错误，帮助学生进步。

在虚拟教学空间里，老师可以一对一或一对多地开展教学，也可以根据教学需要，组织学生自由探索、学习。学生不仅可以以虚拟化身和老师、同学互动，也可以和虚拟世界中的智能 NPC 互动，获得更真实的学习体验。

2. 数字孪生虚实融合同步教学场景

数字孪生虚实融合指的是数字孪生虚拟场景和现实场景的融合。在讲课过程中，老师经常会讲到如不同汽车系统的结构、不同零配件的内部构成等知识。对于这些知识，如果只用语言进行描述，难免会显得晦涩难懂。而借助 MR 教学系统，则可以立体化地展示出数字孪生零配件的内部构成，那么老师就可以进行更细致的讲解。在这方面，凤凰创壹推出了实现虚实融合的 MR 教学系统。

MR 教学系统借助 MR 技术将 3D 数字孪生仿真教学内容与老师讲课的实时空间画面混合。同时，学生可以通过 MR 眼镜沉浸到数字孪生虚拟仿真教学场景中，实现沉浸式学习。例如，老师在讲解汽车差速器构造及其原理时，可以通过手柄拆卸差速器，而学生通过眼镜能够实时看到教师拆卸全过程，从而更好地掌握差速器的结构及原理知识。

3. 数字孪生虚拟实验教学场景

在药物制剂、医学护理等教学过程中，经常会涉及各种实验。很多实验都存在安全风险，一旦操作不规范，就可能会引发爆炸、失火等事故，威胁学生安全，严重的还会发生医学事故。同时，学生进行多次重复实验也会造成实验资源的浪费。而在数字孪生虚拟实验教学场景中，学生可以在其中自由地进行多次实验，不会造成实验资源的浪费，也不存在安全风险。

8.3.2 虚拟仿真实训基地新设计，技术模式双创新突破实训瓶颈

目前职业教育存在诸多实训瓶颈：实训设备昂贵、耗材成本高、安全

隐患多、无法人手一机、“双师型”教师缺乏、无法实时指导、实训效果差、毕业无法直接上岗等。但是其中存在这样的特例：参加技能大赛的学生在练习过程中人手一机，不计成本、不限耗材的同时还有专门的老师指导，他们往往在毕业时技术过硬，可以直接上岗。

针对这种情况，在虚拟仿真实训基地的设计上，需要通过技术创新和模式创新突破实训瓶颈。因此，凤凰创壹以“一校一策，因地制宜”为原则，以建设指南为指导思想，根据学校实际情况并结合建设内容进行布局设计。凤凰创壹开发的虚拟仿真实训基地如图 8-6 所示。

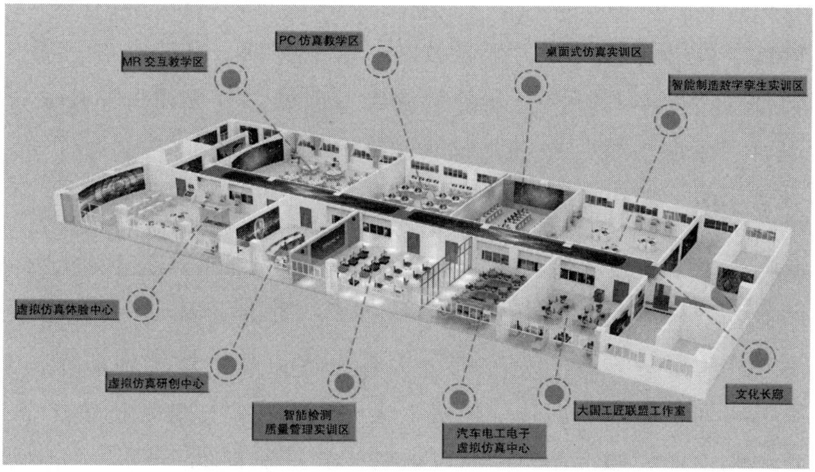

图 8-6　凤凰创壹开发的虚拟仿真实训基地

围绕一个平台、一批资源、一个体系，凤凰创壹构建了“专业知识可视化教学与互动探究 + 数字孪生仿真操作 + 数字孪生虚实融合 + 真机实训”一体化、全链条教学实训教学体系。该教学体系融合了 MR 教学、数字孪生虚拟仿真实训、数字孪生虚实融合实训、真机实训等多个环节，实现了数字孪生虚实融合覆盖教、学、练、考、管全链条实训模式，突破了传统实训的瓶颈。

同时，该教学体系借助智能导学、智能评价系统，按实训成绩将学生分配到不同的实训环境中，让学生在整个实训过程中实现人手一机实操，提高技能水平，实现毕业就能上岗。此外，该教学体系还能够通过数字孪生虚实融合智能传感器，实时反馈学生的实训过程数据，掌握学生实训效果，分析学生技能画像，实现高效实训评价与监测，提升管理效率。

该教学体系依托其核心平台——虚拟仿真实训管理平台实现。该平台集教、学、评、管、赛、产不同环节、不同功能于一体，具有实现教学和实训全业务场景自上而下的融合；实现准确的学情分析；客观地绘制学生能力画像；精准掌握学习进度；分析老师教学效果；及时指导学生；准确向教育部汇报建设成果；分享展示建设成果；研发创新应用等作用。

为满足教育部的建设要求，解决“三高三难”的问题，该平台对功能模块进行了设计：从门户、智慧教学、智慧实训、资源中心、赛事服务、产教融合、数据中心、平台基础数据等方面解决管理痛点；从实训硬件、实训项目、实验管理、实训成绩等方面服务老师的日常教学工作、学生的学习及实训，全面地记录和管理学生的学习情况，跟踪分析资源使用效果，监测学生学习过程。

此外，凤凰创壹虚拟仿真实训管理平台按照熟悉、掌握、运用的步骤，采用 MR 教学、数字孪生虚拟仿真训练、数字孪生虚实融合设备实训、真机实训全链条实训教学模式，帮助学生在虚拟的环境中掌握必要的专业技术知识和实践技能。同时这些教学实训数据都会实时显示在实训基地驾驶舱页面中，并形成直观多维的数据统计分析，全面展示基地整体运作状态、基地建设情况、学生学习情况、师生画像等。

除平台外，凤凰创壹还推出了虚拟仿真体验中心和虚拟仿真研创中心，如图 8-7、图 8-8 所示。

图 8-7　凤凰创壹虚拟仿真体验中心

图 8-8　凤凰创壹虚拟仿真研创中心

其中，凤凰创壹虚拟仿真体验中心主要应用于成果展示，文化传承、体验、宣传和科普等方面，包含时空隧道—线上博物馆、VR 全景数字工厂等沉浸式体验模式。

凤凰创壹虚拟仿真研创中心则能够实现数字孪生虚拟仿真实训资源的

开发、调试，同时为已有资源的升级维护提供技术支持。其具备多样、开放的资源开发工具以及自助式的资源开发模式，便于师生高效完成新资源的开发。

8.3.3 虚拟现实数字孪生在线考核体系，新型产业人才培养模式

2020年6月，人力资源和社会保障部办公厅发布《人力资源和社会保障部办公厅关于开展职业技能电子培训券试点工作的通知》(以下简称《通知》)，决定在11个省（区、市）的38个地市启动电子职业技能培训券试点工作。《通知》明确，将"通过个人领取与使用、培训机构登记与验证、人社部门管理与审核电子培训券等全服务流程，实现对职业技能培训的人员合理引导、实名培训服务、精确资金监管、全局宏观分析，逐步形成以社保卡为载体的劳动者终身职业技能培训电子档案"。

虽有政策引导，但目前来看，人才培训过程中还存在一些问题。

1. 课程资源良莠不齐

（1）部分课程大纲不规范，知识点不符合教学大纲。

（2）部分视频时长不符合要求，视频内容制作不规范。

（3）大部分课程都是视频资源，学习氛围单一，难以激发学习兴趣。

2. 学习过程乱象丛生

（1）学员学习过程相对混乱，刷屏现象时有发生。

（2）学习过程没有真正参与，仅仅是为了拿补贴。

3. 培训考试手段单一

（1）培训考核手段单一，比较常用的就是选择题考核，容易出现造假现象。

（2）培训考核缺乏标准，相关部门监督核查存在诸多困难。

针对以上问题，凤凰创壹提出了多样化人才培养问题解决方案。凤凰创壹 100 唯尔教育云平台作为人社部中国就业培训技术指导中心推荐的平台机构，以及国家首批短缺职业线上培训资源、优质线上职业技能培训平台及数字资源之一，按人社部线上技能培训的执行标准，提供学员实名制公安认证、签到，随机不定时检查在线学员，学习时间跟踪记录，学习过程智能化评价，学习效果自动化评分，学员学习行为信息及相关材料 3 年可追溯等功能。

凤凰创壹 100 唯尔教育云平台目前正在为农民工、企业员工、退伍军人、社会劳动者、在校大学生、继续教育、再就业等人群提供职业技能在线培训服务。平台在课程资源创新、过程管理、在线仿真考试等方面不断创新提升，以解决人才培训中的问题。

1. 创新数字孪生虚拟仿真课程资源

课程资源的品质决定着培训的效果，因此如何管理课程资源以及提升课程资源品质至关重要。职业技能课程资源的重要技术发展方向，就是从平面走向立体，从文字走向三维，让学员看到真实的应用场景和操作环境。在这方面，凤凰创壹将国家教学大纲与数字孪生仿真课程资源相结合，全面提升培训课程品质，如图 8-9 所示。

图 8-9　学员在虚拟现实数字孪生仿真环境中学习

2. 过程管理在线互动

平台通过强化过程管理，跟踪过程数据，并进行数据化分析，在学习过程中引入在线虚拟现实数字孪生技术，引导学员在线操作，规避各类虚假学习现象，实现对培训的深度监督和管理。

3. 在线虚拟现实数字孪生仿真考试

实现虚拟现实数字孪生仿真考核是平台的重要目标。平台利用新技术、新手段创新培训考试方法，对提高整体的培训品质有巨大帮助。通过在线虚拟现实数字孪生仿真技术的应用，常见的假学习、假考试等现象都会大大减少，这也是建立一个先进性、领先性、示范性平台的重要手段。

对于学员而言，其可以通过平台体验报名、电子券领用、培训、考核、相关机构认证的全过程。学员还可以随时在平台上查看相关数据，实现学习全流程数据可追溯、可复核、可跟踪。

对于培训机构而言，其可以借助平台了解报名学员数据、参与企业数据、所有学员学习过程数据、学员学习结果数据、学员考核评价数据、电子券使用数据、政府资金补贴数据、学员学习评价数据、课程培训效果评估数据等，可以非常方便地跟踪和了解培训全流程。

对于政府部门而言，其可以通过平台对培训的整体数据信息统一掌握和跟踪。对培训机构的全流程数据、企业培训的全流程数据、学员培训过程全流程数据、培训结果评估的全流程数据、电子券使用及兑现的全流程数据，政府部门均可以方便地浏览、查看、跟踪，可以便捷、精准地对培训机构、培训项目、学员情况、培训质量，以及培训资金使用情况等进行有效监管。这有助于加强培训监管，深入推进职业技能提升行动。

第 9 章
元宇宙办公：实现沉浸式远程协作

元宇宙能够使人类社会发展得更好，能够使人类过上更自由、更理想的生活。虽然像电影或游戏中那样的元宇宙世界在短期内还无法实现，但是元宇宙其实已经在现实世界中有所体现，并赋能一些行业。基于虚拟现实、大数据、区块链等技术的高速发展，元宇宙与人们的日常生活已经产生了千丝万缕的联系。在办公方面，元宇宙办公就打破了空间壁垒，实现了线上多人协作的沉浸式办公。

9.1 从线上到元宇宙：远程办公场景迎来巨变

对于互联网行业的员工来说，线上办公已经是家常便饭。但是对于其他实体行业的员工而言，线上办公往往意味着枯燥和无趣。而在元宇宙的助力下，线上办公终于突破了限制，将线下办公场景迁移至虚拟世界，让线上办公变得真实、有趣。

9.1.1 搭建日常办公场景，还原现实办公体验

在 2020 年以前，线上办公还处于不温不火的发展状态，而随着新冠

肺炎疫情的暴发，人们重返工作岗位的时间一再延后，线上办公的人数激增。基于这种情况，线上办公软件迎来了新的发展机遇。以 Zoom 为例，Zoom 在 2020 年一年内的收入同比增长 326%，其净利润更是翻了将近 30 倍，增加至 6.72 亿美元。

此外，钉钉、腾讯会议等办公软件自疫情暴发以来也获得了长足发展，用户数量不断增加。钉钉官方数据显示，2020 年 3 月，钉钉用户数量达到 3 亿，而截至 2021 年 10 月，钉钉用户数量突破 5 亿，在短时间内实现了用户数量的激增。

虽然远程会议软件在现实需要的推动下获得了发展，但远程会议缺失了现实会议中的临场感和沉浸感，会议效果与现实会议仍有差距。例如，远程会议会降低参会者的参与感与创新性。在现实会议中，所有参会者能够聚在一起进行头脑风暴，高效地分享自己的创意。而在远程会议中，参会者缺少参加会议的沉浸感，难以专注于眼前的议题，也较难提出好的创意。

在此背景下，办公中虚拟现实的需求随之产生，以便使虚拟会议更加贴近现实。以虚拟形象在虚拟空间中讲话和对着手机讲话的效果是大不一样的，当人在说话的时候，面部表情、手势等都在传递信息，而虚拟形象能够尽可能地还原人们真实的表情、手势。在更高工作效率、更好工作体验的诉求下，线上办公软件也需要进行升级。

元宇宙概念的流行让人们看到了线上办公的另一种可能。借助 VR 设备，人们可以得到一个虚拟形象，进入一个虚拟空间自由地进行交互，在拟真的环境中获得真实的办公体验。在元宇宙办公方面，很多公司都积极进行相关产品的研发，并交出了自己的答卷。移动微世界网络科技有限公司就推出了自己的元宇宙办公产品——云楼 SOHO，帮助很多用户实现了元宇宙远程办公。

云楼 SOHO 等比例真实还原了现实世界中的办公场景，有员工开放办公区、总经理办公室、茶水间、会议室等。在这个虚拟空间中，人们可以直接走到同事面前，进行面对面沟通，无须借助任何通信工具。同时，云楼 SOHO 中有员工专属的工位、不同类型的办公室、会议室，还有茶水间和文化长廊等，能够让身处虚拟世界中的人们具有归属感。

云楼 SOHO 还具有一个十分核心的功能，那就是拥有先进的通信系统。当人们在云楼会议室开会时，会议室中的屏幕可以实现视频、直播、屏幕共享等功能，使会议更加高效。

以往，随着公司规模的扩大，公司的办公场地也需要随之扩大，也会在一定程度上降低公司运转的效率。而元宇宙办公则打破了现实世界的束缚，员工不需要来到真实的办公场地上班，公司也不必担心办公场地紧缺。甚至，公司可以在元宇宙中创办自己的虚拟公司，虽然员工依旧需要借助虚拟化身来公司上班，但打破了物理条件上的限制，员工不必每天通勤，可以轻松地在家办公。

元宇宙办公是对当前办公形式的一次重大变革。在这里，公司没有了办公场地和办公基础设施的成本负担，也可以在全球招募更适合公司的人才；而员工也能够节省更多的时间，以较低的生活成本享受到更高的生活质量。

9.1.2　搭建商务活动场景，加深社交体验

很多人不喜欢线上办公的原因是认为线上办公十分无趣。传统的线上办公无非是视频会议和工作日志相结合，员工之间虽然也有交流，但全然没有在线下办公时面对面交流那么自然。

而有了元宇宙的赋能，办公、社交场景也能够 1 ∶ 1 还原地搬入虚拟世界，员工的办公、社交体验能够得到完美的还原，办公效率也能够大大提升。

国外的一家税务管理公司 Avalara 曾创建了一座由零售、制造、通信等 18 个不同社区组成的虚拟城市，并在其中进行了一系列的企业生产活动。每个社区都有独特的外观、颜色和活动，进入这个虚拟城市的人可以观看不同主题的演讲、了解不同专家的观点、和其他人实时聊天、下载演

讲文档等。同时，人们可以通过主菜单快速导航到不同的社区，参加不同的活动。

整场活动包括 25 场主题演讲和 100 多个不同的小活动，能够为人们提供丰富的内容体验。虚拟城市中还举办了一场虚拟演唱会，增添了不少趣味性。最终，这场虚拟活动为主办方吸引了来自世界各地的数千名客户和合作伙伴，展现出了极高的商业价值。

无独有偶，受新冠肺炎疫情影响，2020 年北美国际车展被取消后，主办方推出了一个 3D 虚拟车展，成功将车展从线下复刻到了虚拟世界中。此次虚拟车展展示了 36 辆汽车，并详细标注了汽车的年份、型号、特征等。在虚拟车展中，人们可以以虚拟化身多角度浏览汽车的外观、内饰等细节，也可以“坐”在汽车中启动汽车，听发动机的声音，甚至可以打开收音机收听歌曲。

以上这些实践都展示了商务活动的更多可能性。严肃、枯燥的演讲怎样才能发人深省？新冠肺炎疫情之下，被取消的线下活动如何举办？线上虚拟化的活动能够为企业商务活动的开展提供可行的解决方案。同时，随着元宇宙的发展，虚拟世界不仅能够实现线下场景的复刻，还能够创造出现实世界不可能实现的、光怪陆离的场景。这能够带给人们更丰富的活动体验，同时提升活动的效果。

9.2 实践布局：推进元宇宙办公设想落地

由于看到了元宇宙办公的巨大市场潜力，多家企业纷纷布局元宇宙办公，推出多种元宇宙办公新方案，试图抢占市场先机。得益于这些企业的加入，很多元宇宙办公的设想有了明晰的发展和落地规划。

9.2.1 Meta：推出 VR 办公应用 Horizon Workrooms

Meta 的创始人扎克伯格认为，虽然线上会议软件是居家办公的必备工具，但实际上它还远远无法满足人们的线上办公需求。元宇宙办公还有很大的发展空间，如果能够让人们在元宇宙中做到像在现实世界中一样的交流与协作，那么线上办公是否也会变得有趣呢？为此，Meta 推出了 VR 办公应用 Horizon Workrooms，探索元宇宙办公新模式。

Horizon Workrooms 为参会者提供一个虚拟空间。参会者借助 VR 设备进入虚拟空间，用自己的虚拟化身和其他的虚拟化身进行交流。总体来看，Horizon Workrooms 有以下几个特点，如图 9-1 所示。

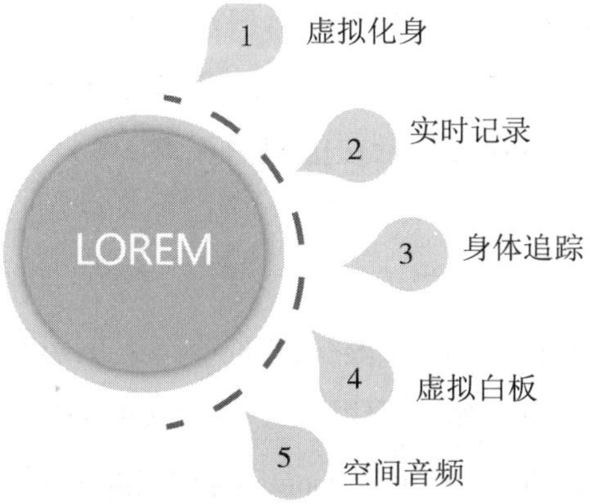

图 9-1 Horizon Workrooms 的特点

1. 虚拟化身

登录 Horizon Workrooms 后，人们需要先捏出一个虚拟形象，然后进入虚拟会议室。之后，大家可以像真实会议一样围桌而坐。在定制虚拟形象时，人们可以自行捏脸和搭配服饰，甚至可以还原现实中的自己。

2. 实时记录

Horizon Workrooms 能够连接虚拟空间和现实世界。为了让虚拟会议室更加真实，虚拟会议室中融入了键盘追踪功能，即使人们身处虚拟空间中，也可以在电脑中做笔记，或者和其他参会者共享电脑屏幕。

3. 身体追踪

Horizon Workrooms 支持头部和手势追踪，这使得人们在现实中的动作能够在虚拟世界中呈现。例如当人们转头看向同事时，其虚拟化身的视野会随之变化；当与其他同事进行手势交流时，虚拟化身也会做出相同的动作。

4. 虚拟白板

白板是头脑风暴的重要工具，可以让人们随时记录好的创意、想法，因此 Horizon Workrooms 中也嵌入了虚拟白板。人们可以在虚拟白板中写字，记录会议要点。在具体操作上，人们只需要在现实世界中的桌面上进行书写，然后相应的文字就会显示在虚拟白板上。

5. 空间音频

在 Horizon Workrooms 提供的虚拟空间中，人们可以根据需要自行设计办公室，可以是圆桌办公室，也可以是阶梯式办公室。为了让人们在虚拟空间中更具真实感，Horizon Workrooms 具有空间音频功能，人们可以真实地感受到其他人声音传来的方向和大小，从而获得更多的沉浸感。

综上所述，虚拟会议和现实中的会议有很大不同，能够在保证便捷性的同时提高人们的会议体验。而随着元宇宙的发展，虚拟世界将变得更加拟真，能够给人们提供更真实的沉浸感，到那时，元宇宙中的会议或将给人们提供更好的体验。

9.2.2　微软：探索混合现实协作办公

与 Meta 推出 Horizon Workrooms 致力于找出元宇宙办公乐趣所在不同，微软希望线上办公能够以一种更综合、更有创意的形式实现多人协作。在 2021 年的微软年度技术大会上，微软宣布要在 2022 年加大对元宇宙的探索，升级产品功能。

在微软看来，元宇宙能够构建一个和现实世界连接的数字世界，能够让现实世界中的人、物、场景等映射在数字世界中。例如，在企业数字化转型的过程中，元宇宙能够使人们相聚于数字世界中，借助虚拟化身和更有创意的协作方式，更加自如地沟通。

基于对元宇宙的设想，在此次大会上，微软宣布将推出新的 Mesh for Microsoft Teams 软件。Mesh for Microsoft Teams 融合了 Mesh 的混合现实功能，允许身处各地的用户通过视频会议工具 Teams 进行协作、共享全息体验、处理共享文档等。

Mesh for Microsoft Teams 能够提供一种沉浸式办公体验。企业可以在该平台上搭建一个沉浸式办公空间，同时用户也可以自定义一个虚拟化身，以虚拟化身在虚拟空间中开会。

从实用性的角度来看，Mesh for Microsoft Teams 能够为用户提供许多便利。例如，在视频会议中，用户既可以以真实形象出镜，也可以以虚拟化身出镜。一些参会者可能不方便真人出镜，这时就可以用虚拟化身参加会议，同样可以获得参会的临场感，而不同形象的参会者之间可以自由沟通交流。在会议中，当系统检测到参会者讲话时，就会为其虚拟化身匹配嘴部动作及面部表情，提升参会者的临场感。

9.2.3 HTC：打造多样虚拟办公空间

凭借在虚拟现实方面的技术优势，HTC 发布了 VIVE XR Suite 系列虚拟应用，它包括多款具有社交、娱乐、办公等功能的虚拟应用。其中，VIVE Sync、VIVE Sessions、VIVE Campus 等应用可以为用户提供不同的虚拟办公空间。

其中，VIVE Sync 提供一个最多可以容纳 30 人的虚拟办公空间，用户可以在其中共享演示文稿、文件或 3D 模型。同时，VIVE Sync 支持用户通过共享的虚拟白板进行协作以及语音转文字实时记录。

VIVE Sessions 提供一个最多可以容纳 50 人的虚拟会场，用户可以在其中召开会议、举办展览等。此外，VIVE Sessions 具有虚拟空间录制和回放功能，同时具有丰富的内容库，包含多种特效及场景。

相比以上两个应用，VIVE Campus 提供一个更大的虚拟办公空间。VIVE Campus 提供一个包含办公室、园区、展馆的超大虚拟空间，可以容纳 2500 人同时参加虚拟会议。

为了增强用户在虚拟世界中的沉浸感，VIVE XR Suite 为用户提供一个定制化的虚拟形象，用户可以通过人脸扫描功能，使自己的虚拟形象更加真实。此外，VIVE XR Suite 支持用户使用一个形象在不同的虚拟世界中无缝切换，使用户获得更加自由的虚拟体验。

目前，VIVE XR Suite 已经创建了数十个虚拟办公空间，包含了住宅、办公室、自然环境等多种标签的不同地点，能够满足用户的多样化办公需求。同时，在 VIVE Campus 中举办发布会时，用户也可以在其中创建虚拟空间模型，设计展示企业 Logo 的标牌。

VIVE XR Suite 中的场地建模十分精致，比例也十分准确，能够为用户提供一个拟真的虚拟办公空间。同时，VIVE XR Suite 打造的虚拟空间也对现实中的物理法则进行了投射。例如虚拟场景在视觉上会呈现近大远小的效果；用户语言、物理碰撞等声音都会出现立体音效；两个人距离的远近也会影响声音的大小。

此外，在设计虚拟会议场地时，用户可以呼出菜单，对会议地点、内容、媒体、备注等进行设置。在会议过程中，用户也可以导入演示模型、播放媒体、浏览网页、做笔记、对会议进行录像等。这些丰富的功能可以满足用户在虚拟世界办公的诸多要求。

当前，VIVE XR Suite 已经拥有了沉浸式远程协作办公的能力。未来，随着 VR 设备的普及，虚拟办公将常态化，VIVE XR Suite 也能够发挥更大的价值。

9.3 发展方向：聚焦细分用户，提供不同类型产品

在元宇宙办公方面，个人用户与企业用户都有元宇宙办公需求，但二者的需求有所不同。个人用户期待功能更加丰富、更具沉浸感的元宇宙办公产品。而对于需要经常举办商业活动、期待实现全公司虚拟办公的企业用户而言，其更需要综合性的元宇宙办公解决方案。基于此，未来，瞄向个人用户的普及性元宇宙办公应用与瞄向企业用户的定制化虚拟办公应用都将迎来发展。

9.3.1 聚焦个人用户：多种应用尝试打造虚拟办公体验

个人用户是元宇宙办公领域的主要用户群体。以虚拟化身进入虚拟办公空间，获得更具沉浸感的虚拟办公体验是其主要需求。基于海量个人用户的元宇宙办公需求，很多应用都在尝试打造虚拟办公体验。而这也将成为未来趋势。

2021 年，一款虚拟办公应用 Gather town 吸引了很多人的关注。Gather town 为用户提供一个可爱的虚拟化身以及 2D 虚拟办公场景。在这里，用户可以创建自己的虚拟办公室，邀请同事加入，通过视频或文字处理工作。同时，其具有办公桌、会议室、游戏区等各种分区，功能较为丰富。

Gather town 可以为人们的线上办公提供哪些支持？当用户使用内建工具打造好公司的内部空间时，拥有专属密码的同事们便能加入。在 Gather town 中，同事之间可通过文字或视频沟通。而且虚拟化身靠近彼此就能开启视频通话，这使得同事间的沟通、会议的召开都非常方便。沟通完毕后众人散场，声音和画面也会随之消失，带给人们一种身临其境的感觉。

同时，Gather town 还有很多有趣功能，例如许多公司的会议室都有白板供开会、讨论使用，Gather town 里也有内建白板物件，只要与同事一起点选白板，就能在上面共同书写。此外，工作告一段落后，人们也可以在游戏区共同体验各种小游戏，在放松精神的同时也能联络感情。

除了 Gather town 外，还有很多应用尝试为用户提供一个沉浸式办公的虚拟空间。Spatial 支持混合现实，目前正在打造一个能让利用各种不同设备连线的用户们协作的环境。用户们可以在同一个空间戴上 VR 头戴式装置，或使用智能手机里的 AR App 呼唤身处远方的其他用户参与讨论、分享资料或数据，身处远方的用户则可以戴上 VR 头戴式装置进入虚拟空间。无论用户在哪里、使用何种设备，都可以聚在同一个虚拟空间中进行协作。

此外，当前还有很多游戏都搭建了虚拟办公空间，支持用户在其中进行团队协作、开会等，而以虚拟化身在虚拟场景中办公将成为未来办公的主流形式。

9.3.2　聚焦企业用户：提供综合性商务活动解决方案

与个人用户不同，企业用户在元宇宙办公方面提出了更高的要求。除了沉浸式的办公体验外，相应的应用还需要拥有完善的解决方案，能够为企业的大型会议、元宇宙招聘等活动提供个性化的解决方案。聚焦企业用户的这种需求，一些企业开始以沉浸式商务会议系统探索元宇宙办公领域。

2021 年 8 月，第十六届国际生物矿化研讨会在网易伏羲实验室旗下沉浸式活动系统“瑶台”打造的虚拟世界中举办。这并不是伏羲实验室第一次将学术会议迁移到虚拟场景中。2020 年，伏羲实验室就将第二届国际分布式人工智能学术会议迁移到了游戏《逆水寒》中。但相比之前，此次会议依托升级后的瑶台系统举行，进一步增强了会议的真实感和沉浸感。

首先，“瑶台”系统支持依据不同需求打造不同风格的活动场地，并且可以高精度复刻真实会议场景。为了增加参加会议的真实感，参会者还可以上传照片打造个性化的虚拟形象。依托网易伏羲实验室的 AI 智能捏脸技术，系统可以根据参会者照片高度还原对方的面部特征，同时，虚拟形象的表情、动作也会随着参会者表情、动作的变化而变化。

其次，“瑶台”系统升级了会务功能，不仅可以实现 PPT 嵌入式播放、语音聊天、多分会场自由切换等会议功能，而且为了给予参会者自由的社交体验，虚拟化身见面时即可以开启群聊。

最后，为满足国际性活动交流需求，“瑶台”系统还搭载了网易有道的实时翻译功能，来自世界各地的参会者可以在这里实现无障碍交流。

在活动类型方面，在升级版本后，“瑶台”系统可以支持古风、未来、写实等诸多活动风格，支持举办国际会议、发布会、招聘会、公司年会等大型活动，最多可以同时容纳 500 人。当前，“瑶台”系统正在积极寻求与众多企业合作，为更多企业搭建虚拟活动场所。未来，网易伏羲实验室将持续进行 AI 技术研发，以此赋能“瑶台”系统，推出更多智能功能。

第 10 章
元宇宙营销：以新玩法重塑智慧营销

元宇宙热潮下，新的营销方式应运而生。一些企业开始尝试将营销场景搬进虚拟世界，或者推出定制化的虚拟代言人与用户互动，探索元宇宙营销新方式。未来，随着元宇宙基础设施的完善，元宇宙中会出现不同的营销场景、不同的营销玩法，品牌宣传与产品销售等工作也可以在虚拟世界中完成。

10.1 数字营销迎来新变革

随着互联网的深入发展，数字营销已经成为各企业竞争的主战场。除了越来越多的营销环节从线下转到线上外，传统线上营销方式也在元宇宙的影响下向着虚拟化的方向发展。

10.1.1 打造虚拟 IP，营造营销爆点

短视频和直播的兴起为品牌宣传提供了更多的机会，邀请真人代言、拍摄短视频等也成为企业聚集用户目光的重要手段。但这些手段在为企业带来更多流量的同时也暗藏着诸多风险。

一方面，企业代言人存在人设崩塌的风险，容易损害企业形象与名誉。而且这种风险很难预测和控制。另一方面，很多企业希望用更贴近消费者、更网络化的方式，塑造自己的品牌形象。但通过网红主播所积累的私域流量，可能会随着网红主播的离开而一并流失，这样的损失是很多企业难以承受的。对此，一些企业将目光瞄向了虚拟形象，通过打造自身虚拟 IP 制造营销爆点。

例如，2021 年，蜜雪冰城发布了一个广告 MV（音乐短片），短片中一排雪人（“雪王”）合唱“你爱我，我爱你，蜜雪冰城甜蜜蜜”。短片时长只有 24 秒，歌词也只有一句，但短时间内播放量却突破 700 万，一时之间风靡互联网。“雪王”就是蜜雪冰城创造的虚拟 IP。网友们因为一首广告歌曲对其印象深刻，还纷纷进行了二次创作，让这个形象成为新晋网红。

除了走可爱风的蜜雪冰城外，屈臣氏聚焦年轻用户，推出了虚拟 IP“屈晨曦”，并宣布其为品牌代言人。“屈晨曦”能够和人们聊天，为人们提供专业、个性化的咨询建议。同时，“屈晨曦”积极切入直播带货赛道，携手一些头部主播，通过直播一次次地引爆产品销量。对于“屈晨曦”未来的发展，屈臣氏表示其会长久地处于成长学习的阶段，未来“屈晨曦”如何发展是由粉丝决定的。由此可以看出，屈臣氏将“屈晨曦”设定成一位“养成型”的虚拟偶像，会基于用户的需求进化成长。

除了以上两个企业外，汽车、快消、零售、服装等多个领域的诸多企业都推出了自己的虚拟 IP。这是各大品牌顺应元宇宙趋势的重要举措，相比真人，虚拟 IP 不仅风险低，还更贴合各种商业场景。

虚拟 IP 的出现是实现元宇宙的重要尝试，它不仅为品牌数字化转型提供了新思路，还进一步加深了虚拟世界对现实世界的影响。虚拟 IP 通过 5G、VR、AR、人工智能等技术拥有了“生命”，能与用户对话、聊天，而且天然具有品牌属性，对用户的影响更深刻。此外，相比真人来说，虚拟 IP 的可塑性更高，能给品牌带来更大的商业空间。

10.1.2　邀请虚拟 KOL 合作，为品牌造势

除了推出自己的虚拟 IP 外，与已经聚集了大批粉丝的虚拟 KOL 合作进行营销也是营销市场中的一大趋势。虚拟 KOL 往往拥有一定的粉丝基础，在营销方面更具影响力和号召力。

2021 年中秋节期间，天猫推出了一款“来自元宇宙的礼物”——数字月饼。该月饼以多面体和酸性金属物质为设计元素，其中多面体形态代表现实世界、酸性金属物质象征元宇宙。数字月饼限量 50 枚，用户可参与抽签活动，中签后只需支付 1 元即可获得 1 枚数字月饼。这次活动吸引了数万人参与其中。

为用户定制这款月饼的主理人并不是真人，而是天猫的数字员工 AYAYI。AYAYI 于 2021 年 5 月亮相小红书，吸引了众多网友的关注和讨论。

作为一个超写实的虚拟数字人，AYAYI 刚出道就吸引了巨大关注。首次在小红书上发布的光影图让她在一个月内收获了超过 280 万的浏览量和超过 10 万的点赞，涨粉 4.9 万。同年 7 月，AYAYI 的小红书账号上公布了一张其佩戴虚拟饰品的照片，表明了其虚拟数字人的身份。之后 AYAYI 与很多大牌展开合作，展现了虚拟数字人广阔的商业前景。

AYAYI 的出现表明了虚拟数字人的一种新定位：虚拟数字人可以作为虚拟 KOL 为产品代言。在获得一定影响力后，AYAYI 成功入职阿里巴巴，成为阿里巴巴的数字员工。未来，AYAYI 将解锁多样身份，如数字策展人、潮牌主理人等，推出更多的数字产品或活动。

在众多企业开始以数字产品探索元宇宙的当下，相比真人明星，虚拟 KOL 和数字产品有更高的契合性，更有助于企业进行新形式的元宇宙营销。未来，随着多样虚拟 KOL 的出现和企业在元宇宙营销方面的深耕，虚拟 KOL 将在更大程度上取代真人明星，成为更多企业的代言人。借助虚拟 KOL，企业不仅可以降低真人代言的风险，减少营销成本，还可以推出多样的数字产品，开展各种数字营销活动，提升企业的影响力。

10.1.3 推出虚拟产品，展现别样价值

传统意义上的数字营销往往是营销手段的数字化，而在元宇宙语境下，营销方式将迎来更深刻的变革。变革具体表现在营销的产品将不再是现实中的产品，而是存在于虚拟世界中，在虚拟世界展现价值的虚拟产品。为了追赶元宇宙的潮流，一些企业开始对产品进行重构，以虚拟产品打开营销新市场。

Gucci 是第一个尝试应用虚拟试穿技术的奢侈品牌。2019 年，Gucci 在官方应用程序中推出过一项虚拟试鞋功能。除了试穿外，消费者还可以拍摄自己穿着运动鞋的照片，分享在社交媒体平台上。同时，该功能还有专属的表情包和壁纸，供用户发挥想象，自由选择装饰。

2020 年，Gucci 与图片视频社交应用 Snapchat（色布拉）共同发布了两款滤镜，用户可以用滤镜虚拟试穿 Gucci 运动鞋，还可以在线上即时购买。整个过程方便快捷，用户足不出户，只需用摄像头对准他们的脚，就能看到试穿效果。

Gucci 还在官方 App 上推出了数字球鞋板块——Gucci Sneaker Garage（球鞋车库）。这个板块包括产品故事、互动游戏、虚拟试鞋等内容。同时，Gucci 还在这个板块发布了首款虚拟运动鞋 Gucci Virtual 25。这款产品属于虚拟商品，没有实物，售价为 11.99 美元，用户购买后可以在线以 AR 形式试穿、拍照、录制视频，并分享到社交平台上。

Gucci 还在这一板块中加入了 DIY 功能，用户可以挑选自己喜欢的元素，如鞋面、鞋底、Logo 等，自己设计一双虚拟运动鞋。制作完成后，用户不仅可以将作品分享给好友，还可以参与 App 社群里的最喜爱的 DIY 设计评选活动。

元宇宙的兴起使营销方式发生了巨大的变革。微软公司 CEO 萨提亚·纳德拉曾言："元宇宙跨越了物理和数字世界，将人、物、场在商业和消费互联网中融于一处。"在未来，营销场景会更加多元，可以跨越时间、空间等物理因素的限制；营销产品也会更加丰富，虚拟产品会拥有更

加独特的价值。

10.1.4　打造专属虚拟营销场景，实现场景创新

元宇宙给营销带来的变革还体现在营销场景方面。在元宇宙的影响下，营销过程中的更多场景将在虚拟世界实现。

一般而言，企业在为客户打造定制化产品之前，都要和客户沟通设计细节，展示产品模型。但受限于当下的展示技术，企业难以全面模拟并展示产品的设计流程、操作模式等，容易造成彼此理解的误差，也不利于促成销售。

但如果将营销场景搬进元宇宙中，很多沟通方面存在的问题都可以迎刃而解。例如企业可以在虚拟世界中展示产品从设计到完成的全流程，甚至可以让客户在虚拟世界中操作产品，明确产品是否符合自己的预期。如果客户对产品的某一功能不满意，企业也可以及时调整数据，改进设计方案。

同时，将营销场景搬进元宇宙中，也可以带给客户更好的购买体验，能够更好地促成销售。例如，当前客户在定制汽车时，可以在大屏幕中自由选择汽车的颜色、内饰、配置等，却无法获得真实的试驾体验。而在元宇宙营销场景中，客户按喜好定制好汽车后，还可以借助 VR 设备进入虚拟空间，驾驶汽车自由穿梭于公路、沙漠等场景中，感受汽车的性能。

当前，已经有一些企业将营销场景搬进了虚拟世界中。例如，帕莱德门窗就推出了一个虚拟产品体验平台，客户借助 VR 设备就可以在虚拟场景中获得真实的产品体验。借助该虚拟平台，客户足不出户就可以亲身体验定制化方案最终的效果。这样的营销模式不仅能够为客户提供更多便利，还能够大大提高产品转化率。

尽管当前电商销售依旧是市场中主要的营销模式，但以发展的目光来看，以元宇宙助力营销升级是新市场需求下企业的必行之道。在元宇宙发展的大环境下，企业需要瞄准市场风口、紧跟时代脚步，借助新技术实现营销场景的创新。

10.2 企业实践：多企业探索元宇宙营销多路径

为了在市场竞争中获胜，很多企业都十分关注营销新风向，抓住新机遇打造自身营销优势。在元宇宙营销的大趋势下，很多企业都在这方面进行了实践，探索元宇宙营销新路径。

10.2.1 以虚拟技术探索营销新方案

当前，AR、VR 等虚拟技术的应用已经较为广泛。在营销领域，很多企业都以虚拟技术作为探索元宇宙营销的切入点，进行虚拟营销尝试。

例如，运动品牌 lululemon 推出女士运动鞋，并上线 AR 试鞋功能，以便更好地为用户提供试鞋体验。用户只要打开 lululemon 的微信小程序，点击“3D 空间”，就可以查看鞋的 3D 模型，并进行一键试穿。而且用户只要滑动页面，就可以对鞋的样式、尺码、颜色等进行切换，并实时查看试鞋效果。

因为应用了 AR 技术，所以即使用户正在走动，鞋的 3D 模型也可以贴合用户的脚。AR 也将每双鞋的细节都渲染得十分真实，确保用户的试鞋过程足够流畅。

再如，意大利服装品牌 Prada 推出了 AR 试包滤镜，用户只需站在相机前，就能以虚拟的方式将不同的包背在身上。Prada 还推出了“手势识别”功能，让用户可以在镜头前随意切换包的颜色和样式。这种极具智能感的试包方式极大地颠覆了用户的购物体验。

此外，宜家推出了名为“IKEA Studio”的 AR 应用。在这款 AR 应用上，用户可以看到自己的房间重新装修后的效果。首先，用户打开这款 AR 应用，用其自带的相机扫描房间；其次，系统会自动识别家具的大小、形状和位置，并以此为基础构建一个完整的室内 3D 图；最后，系统会“抹”去之前的旧家具，在这个全新的房间里放上新家具。

如果不喜欢“IKEA Studio”提供的装修方案，用户还可以自己选择家具、配色方案、装饰物摆放位置，以及灯光色调、墙面、窗帘等。等用户设计好自己心仪的方案后，“IKEA Studio”就会生成 3D 图，让用户感受方案效果，用户也可以将方案效果分享给亲朋好友。

Lululemon、Prada、宜家都积极引入虚拟技术，探索更具现代感的营销方式。在这些企业的推动下，一场营销变革正在悄然发生。虚拟技术从创新营销方式开始，逐渐重构整个营销体系。而企业则通过虚拟技术赢得用户的认可与支持，进一步扩大营销边界，获得更好的发展。

10.2.2　打造虚拟营销活动，将发布会搬进元宇宙

2022 年 6 月，酿酒品牌厚工坊召开了“2022 年厚工坊品牌战略升级暨新陈酿系列发布会”。此次发布会以“让优质酱酒走进生活”为主题，采用虚拟的元宇宙形式，打破了空间与地域的限制。同时，在此次发布会上，厚工坊还推出了数字品鉴官“厚今朝”。

厚工坊采取创新、有趣的传播方式，打造了一场以元宇宙为核心的视觉盛宴。与此同时，厚工坊引入 VR、AR 等虚拟技术，搭建了一个虚拟场景，让人们享受到沉浸式的直播体验。在虚拟发布会上，虚拟数字品鉴官“厚今朝”以国风少女般的打扮惊艳亮相，虽然她的出场时间并不长，但很好地串联起了整个流程，与嘉宾之间的互动对话也是可圈可点。

新浪、网易、腾讯、南方周末等主流媒体，以及厚工坊官方平台都直播了此次虚拟发布会，观看人数高达 115 万。此次虚拟发布会极具创造性和创新性，例如，将场地搬到虚拟空间、“厚今朝”作为虚拟主持人与嘉宾互动等，可谓是开启了跨次元的奇妙之旅。

除了厚工坊以外，顾家家居也召开了虚拟发布会，用极具颠覆性的虚

拟场景传达产品理念。在虚拟发布会现场，梦立方床垫正式亮相，工作人员借助虚拟交互技术，为用户沉浸式地展现了床垫的应用场景，也让用户身临其境般地感受了床垫的高品质。

通过厚工坊和顾家家居的案例，我们不难看出：元宇宙与营销相结合，能碰撞出奇妙的“火花”。利用元宇宙进行营销，可以实现多场景无缝转换，科技感十足，因此受到很多企业的欢迎。对于企业来说，虚拟发布会不仅可以为品牌形象赋能，推动品牌形象进一步升级，也可以借助先进技术对产品进行全方位展示，让用户获得沉浸式的体验，从而使产品吸引更多用户的关注。

随着元宇宙的兴起和发展，越来越多的企业对虚拟发布会这一营销方式更加关注。尤其在新冠肺炎疫情防控期间，很多线下的发布会不得不叫停，因此可以在线上异地召开的虚拟发布会更加受到企业的青睐。虚拟发布会打破了空间与地域的限制，给用户带来一种全新的视听感受，为企业带来了营销新局面，也让企业的数字化转型有了更多可能性，从而帮助企业与用户建立更多维度的连接。

10.2.3 借助元宇宙平台，搭建虚拟购物城

当前，市场中出现了不少发展较为完善的元宇宙平台，如 Roblox、Decentraland 等。企业可以与这些平台合作，在虚拟世界中搭建专属营销场景。

2021 年末，时尚品牌 Forever 21 宣布，将在沙盒游戏平台 Roblox 中创建虚拟购物城，而玩家可以成为其中虚拟商店的经营者。

如何成为 Forever 21 虚拟商店的经营者？玩家需要在 Forever 21 购物城中选择一个人流量大或者风景优美的地点搭建自己的虚拟商店。玩家可以获得一个玻璃商店，使用 FutureScape（未来世界）、Eco-Urban（生态城市）等不同的建筑主题装扮商店，还可以布置各种家具、艺术品，打造商店的特色。每完成一项任务，玩家都会获得相应的积分。Forever 21 购物

城的中心坐落着 Forever 21 旗舰店，玩家可以在旗舰店中以积分购买家具或商品。

在虚拟商店运营的过程中，玩家需要雇用一个 NPC 团队为商店工作，同时需要布置货架、模特等。和现实世界中的店主一样，玩家需要处理店铺订单、补充店铺库存。

在 Roblox 中创建好虚拟购物城之后，Forever 21 在现实世界中发布新品时也会在虚拟世界里发布新的数字产品，并在 Forever 21 购物城中出售。

在元宇宙火热发展的趋势下，Forever 21 看到了新的营销机会，通过同步发布实体商品和数字商品的方式创新了企业的营收途径。这也展示了元宇宙营销的一种新模式：企业可以在虚拟世界中创建虚拟商店，通过发布数字产品的方式增收。

或许元宇宙从萌芽到成熟还有很长的路要走，但不论元宇宙何时到来，其在发展的过程中，都会对整个营销环境产生越来越深远的影响。未来，将有更多的品牌推出数字产品，虚拟营销也将成为更多企业的必修课。

10.2.4　聚焦虚拟世界商业机会，打造虚拟品牌

在元宇宙发展趋势下，一些新兴品牌自诞生之时就聚焦虚拟世界中的商业机会，只将虚拟产品作为自身业务，致力于打造虚拟品牌。其中，Tribute Brand 就是一个深受用户喜爱的虚拟时装品牌。

Tribute Brand 的产品为虚拟产品，主要面向年轻用户。用户在 Tribute Brand 消费后，得到的不是一件实体的衣服，而是一张由工程师建模而成的用户和衣服的 CGI 格式的图片。在得到图片后，用户可以将其发布在社交账号上。和现实中的时装品牌相比，Tribute Brand 的虚拟产品具有无运费、无浪费、无性别、无尺寸等特点。

1. 无运费

现在大多数的网购商品都包邮，所以现在的年轻人有一个很奇怪的消费习惯，那就是愿意花500元购买一件衣服，却会为了5元运费而放弃购买。Tribute Brand的产品就不会让用户有这样的烦恼，因为它不需要真的发货，也不会产生运费。想要购买Tribute Brand的衣服，用户只需要在官网下单，然后按要求发照片到后台即可。

2. 无浪费

目前，时尚行业是全球最大的污染源之一。随着互联网的发展，时尚风向变化的速度越来越快。据统计，每天大约有1500亿件衣服成为时尚垃圾，而掩埋或者焚烧这些时尚垃圾造成了严重的环境污染。另外，一些品牌时装为了呈现出最好的效果，在反复修改成衣的过程也会造成大量浪费。

Tribute Brand的虚拟时装则从根本上杜绝了环境污染。这些时装不浪费一针一线，不会产生时尚垃圾。用户不想要了只要动动手指点一下删除键即可。这既能满足人们追逐时尚潮流的愿望，又能避免过度生产、污染环境。

3. 无性别

第一财经商业数据中心与天猫男装联合发布的《2018潮流文化发展白皮书》显示，中性风格的服饰在潮流市场中的热度不断提升。而《中国两性消费趋势报告》则显示，从近年来消费者的特点来看，"性别"这个特点正变得模糊、无界化。

各大潮流品牌也开始顺应趋势，推出"无性别"产品。打开网购平台，我们会发现越来越多的品牌推出无性别款式，那些在传统服饰中用于区分性别的符号特征，如印花、蕾丝、领带等被打乱，任意组合在时装上面，形成了新的无性别时尚风格。

Tribute Brand 的虚拟时装就是无性别的，只要用户喜欢，就可以尝试。在这里男生可以穿礼服，女生可以穿西装、打领带，而且服装量身定制，绝对合身。

4. 无尺寸

一般来说，我们在电商平台上搜索衣服时，出现的商品链接还会包含“大码”“小个子”“高个子”等关键词。也就是说，我们很难快速准确找到适合自己的衣服。而且，还有可能出现喜欢的衣服没有合适的尺寸，而不得不放弃购买这款衣服的遗憾。

而 Tribute Brand 的虚拟时装就不会给用户带来这样的遗憾。无论用户高、矮、胖、瘦，都能穿上自己喜欢的衣服。用户既不会产生身材焦虑，也不用花太多时间在搜索上。

Tribute Brand 刚推出虚拟时装时也曾备受质疑，毕竟它只是在售卖一堆由数字构成的“图片”，看不见也摸不着。然而在新冠肺炎疫情肆虐的时代背景下，Tribute Brand 的出现，给时尚行业带来了生机。

新冠肺炎疫情给时尚行业带来的最大的影响就是线下很多大秀取消，产品销路受阻，零售额断崖式下跌，不少品牌关门大吉。而 Tribute Brand 虚拟时装的无接触销售模式，则完美规避了新冠肺炎疫情带来的不良影响，所以 Tribute Brand 能在 2020 年逆流而上。

而且 Tribute Brand 的服装设计既新奇又充满吸引力。传统的实体时尚要兼顾工艺性、功能性和可持续性，在设计上有诸多局限。而虚拟时装是纯视觉方面的时尚，它可以实现各种大胆的视觉设计，紧跟时尚潮流。虽然 Tribute Brand 推出虚拟时装的初衷是改变时尚行业浪费的现状，但随着虚拟世界的完善，虚拟时装也许不再是实体衣服的替代品，而是一个新的领域。

10.2.5 全面布局，以技术更新营销方式

当前，元宇宙营销已经展现出了巨大的发展潜力，一些新兴公司也在通过不同手段积极探索元宇宙营销路径。那么，市场中的老牌互联网公司是怎样看待元宇宙营销的？以阿里巴巴为例，作为我国电商行业中的龙头企业，其看到了元宇宙在营销方面的潜力，并进行了全面布局。

早在2016年，阿里巴巴就推出了VR购物Buy+计划，这使得VR购物正式出现在大众视野中。Buy+是通过计算机图形系统和传感器，生成三维购物环境，让用户可以与虚拟世界中的人和物互动。这个计划曾经在美国的Macy's（梅西）百货、COSTCO（好市多）百货等全球多个百货商店实施。

2021年，阿里巴巴更新了Buy+计划，在淘宝造物节上展示了基于PC端的3D建模虚拟购物场景，而在“双11”的VR会场中，Buy+计划更是实现了实战应用，所有淘宝用户都可以体验VR购物的乐趣。阿里巴巴升级Buy+计划旨在为用户提供更极致的购物体验，通过观看全景视频，给用户营造在全世界逛街的感觉。

除此之外，阿里巴巴还借助2021年元宇宙大火的契机，在旗下的达摩院研究所建立了XR实验室，并召集众多3D建模和全息技术的专家，开展进一步的技术研发。

在2021年阿里巴巴云栖大会上，XR实验室负责人谭平在演讲中介绍了和天猫合作的全息店铺的案例。XR实验室通过三维技术帮助品牌构建出线下店铺的VR模型，用户可以在这个虚拟店铺中漫游，可以查看商品详情或者下单购买产品，从而实现沉浸式线上购物，实现足不出户逛遍全球。

XR实验室还与松美术馆合作开发了AR艺术展。用户戴上AR眼镜就可以进入艺术家设计的虚拟世界中，并且可以和虚拟世界中的元素互动。通过这个虚拟空间，艺术家可以更好地向公众展现自己的作品，介绍相关艺术理念。

除了XR实验室外，阿里巴巴还在其他方面积极布局元宇宙。阿里巴

巴先后参与了 AR 独角兽企业 Magic Leap 的 C 轮和 D 轮融资，在其 C 轮融资中的投资金额达 7.935 亿美元。根据天眼查的数据，阿里巴巴先后申请注册了“阿里元宇宙”“淘宝元宇宙”“钉钉元宇宙”等商标。不仅如此，阿里巴巴还成立了杭州数典科技有限公司，布局 VR 硬件领域。

从目前已披露的信息来看，阿里巴巴的核心业务依然在电商，其将会围绕淘宝、天猫等电商平台，创建元宇宙平台，以现有的用户体系和内容生态体系打造更优质的服务和体验。

第 11 章
元宇宙交易：实现数字资产管理与运营

互联网时代的终点就是元宇宙。随着相关科学技术的发展，元宇宙已经在现实世界中有所体现，并在各个领域以各种形式影响、改变着人们原有的生活。元宇宙经济的发展速度也得以加快，数字内容作为元宇宙经济体系的重要组成部分，对元宇宙交易具有重要作用。从千年前的以物易物的交易模式，到今天的以区块链为底层逻辑的元宇宙交易模式，一个崭新的、去中心化的自由经济体系即将成型。

11.1 底层支撑：经济体系提供全新交易原则

元宇宙本质上是一个与现实世界平行的虚拟空间，人们可以在其中过上与现实世界一模一样的生活。无论是在元宇宙中工作还是生活，都离不开稳定的经济体系的支撑。元宇宙中的经济体系拥有全新的货币体系和交易原则，它不能等同于现实世界中的经济体系，但也不能脱离现实世界。随着相关技术的进一步发展，元宇宙中的经济体系将更加完善，作为底层支撑助力元宇宙更好地发展。

11.1.1　去中心化：元宇宙经济的核心特点

由于物联网、互联网、数字孪生等各种数字化技术的大力发展，数字经济已经成为支撑经济发展的重要支柱。元宇宙经济作为数字经济的重要组成部分，它将赋予数字经济更多的活力，为数字经济的发展提供更大的空间。

元宇宙的发展会催生越来越多以数字为载体的产品，如图像、音频、视频等信息和娱乐产品，数字教育产品、数字医疗产品等服务产品。在这些数字产品创造、交换、消费的过程中，元宇宙经济体系也得以形成。

元宇宙经济和数字经济有什么联系？元宇宙经济是数字经济的组成部分，是数字经济在虚拟世界的延伸。虚拟世界将打开广阔的经济增长空间，而元宇宙经济也将成为数字经济新的增长点。

在区别方面，元宇宙经济不同于中心化的数字经济，元宇宙经济形成了一种去中心化的经济体系。这使得元宇宙经济更具发展活力。

一方面，去中心化的经济体系能够激发创作者的创作热情。在当下的一些 UGC 平台中，创作者虽然可以通过创作获得收益，但也要将一部分收益分给平台方。而在去中心化的元宇宙中，中心化的服务平台不复存在，创作者可以与买方直接交易，获得更多收入。

另一方面，去中心化的经济体系能够实现多人共治。在元宇宙中，人们不仅是元宇宙经济的创造者，也是元宇宙经济的治理者。而在搭建元宇宙经济治理体系方面，DAO 的治理模式能够实现多人参与的共同治理。DAO 是基于区块链技术衍生出的一种组织形态，能够解决组织治理中的信任问题。具体而言，DAO 的治理优势主要体现在以下三个方面。

1. 去中心化

DAO 中不存在中心节点和层级化的管理架构，通过自下而上不同参与者之间的交互实现组织目标。同时，DAO 遵循平等、互惠的原则，由组织成员的共同利益所驱动。

2. 自动化

依赖于智能合约，在统一的治理原则下，DAO 能够实现管理的程序化、自动化。

3. 组织化

DAO 中的运行规则、参与者的职责、奖惩机制等都是公开透明的。通过一系列自治原则，所有参与者的权益都能够得到精准划分，并能够通过自己的付出获得相应的回报。在权利、责任、利益分配公平公正的背景下，组织运转也更加高效。在 DAO 去中心化的治理模式下，元宇宙能够顺利运行，其经济体系也得以有效运转。

总之，作为数字经济的下一站，去中心化的元宇宙经济将开辟新的经济创造和经济治理模式，推动数字经济进一步发展。

11.1.2　核心功能：三大功能搭建完善经济体系

元宇宙经济体系建立在一个去中心化的开放平台上，以区块链技术作为底层运行逻辑。因此，元宇宙经济体系遵循着公平、公正的原则，能够确保每一位创作者都可以通过自己的创作获取相应的报酬。同现实世界中的经济体系一样，元宇宙经济体系的建立同样离不开市场与货币。具体而言，元宇宙经济体系具备三大功能，如图 11-1 所示。

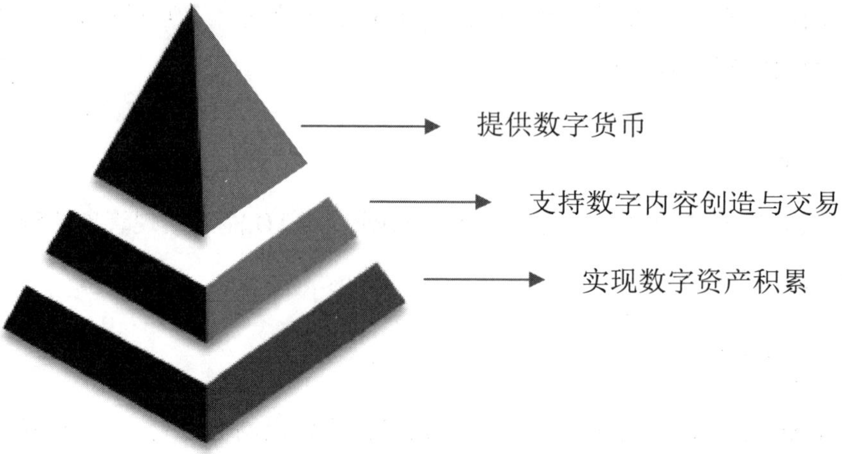

图 11-1 元宇宙经济体系的三大功能

1. 提供数字货币

数字货币是元宇宙经济搭建和发展的基础。有了数字货币这个一般等价物，元宇宙才能够实现价值交换，元宇宙交易市场才得以崛起。有了可流通的数字货币，人们在元宇宙中就不再是单纯的消费者，而可以成为创作者，通过自己的创作获得数字货币。在有买有卖的经济行为下，元宇宙经济体系才得以形成。

2. 支持数字内容创造与交易

元宇宙的繁荣发展离不开海量数字内容的创造与交易。源源不断的数字内容不仅丰富了人们的元宇宙体验，也提供了大量可以交易的数字商品。人们在元宇宙中设计的新的道具、建造的房屋等都可以作为数字商品进入数字市场交易。

3. 实现数字资产积累

在元宇宙中，人们可以通过持续创造数字内容、进行数字资产交易，实现数字资产积累。当前，一些游戏在虚拟商店中推出各种道具，支持玩家购买或交易。但是这些虚拟商品依托游戏平台而存在，没有流通性，因此从严格意义上来说，游戏中的虚拟商品不能算作数字资产。而元宇宙中的数字资产不仅可以在元宇宙中的不同场景中流通，还可以在现实世界中流通，具有强大的流通价值。

在完善的元宇宙经济体系的支撑下，人们可以自由创造数字内容，通过数字货币和数字市场进行交易，积累数字资产。同时，借助元宇宙经济体系的强流通性，人们还可以进行现实资产和数字资产的相互转化，实现数字资产的现实价值。

11.2　NFT：元宇宙交易实现的通行证

NFT 依托于区块链去中心化的特性，能够作为数字资产的加密通行证，为所有数字资产进行确权和溯源。可以说，NFT 奠定了元宇宙经济市场中的交易基础。

11.2.1　NFT 将数字内容转化为数字资产

在元宇宙中，用户创作内容，用内容进行交易，而这些内容也就成了数字资产。数字资产是拥有明确归属权、可以用来交易的数字产品，例如数字藏品、数字盲盒等。那么，数字资产的归属权该如何确定呢？

NFT 就是解决这一问题的有效方法。NFT 能够明确数字作品的归属权，维护创作者的合法权利。当一个数字作品成为 NFT 后，便会形成一个独一无二的编码，这在明确作品归属的同时，还能够保证作品的真实性。

同时，NFT 还能够让创作者获得更多收益。在去中心化的元宇宙中，创作者可以通过出售 NFT 作品获得收益。同时，在之后 NFT 作品的每一次转让出售中，创作者都可以获得一定比例的收益。这不仅取消了交易过程中的中介方，让创作者获得的收益更可观，也保障了创作者的长期盈利，更利于激发创作者生产内容的积极性。

总之，NFT 能够明确元宇宙中数字资产的价值、确定数字资产的归属权。同时，整个 NFT 交易都能够被记录并且可追溯。基于此，NFT 将成为构建元宇宙经济体系的重要支撑。

11.2.2　交易频发，数字内容资产化成为趋势

数字经济与实体经济的日趋融合是时代的大趋势，而在大趋势背后，数字内容资产化已现端倪。数字内容资产化是数字内容通过区块链的赋能，具有不可复制性、不可替代性和不可分割性，能够在链上实现确权，进而在元宇宙交易平台中进行流通。目前，市场上的数字内容交易以虚拟艺术品和虚拟土地为主。

1. 虚拟艺术品

2021 年 3 月，数字艺术家 Beeple 的数字作品《每一天：前 5000 天》在英国佳士得拍卖行进行拍卖，最终以约 6935 万美元的价格成交，刷新了数字艺术品的拍卖价格纪录。

这幅作品由 5000 幅作品组成，是作者连续 5000 天每天创作的一幅作品的大合集，因此被命名为《每一天：前 5000 天》。该作品以 NFT 的形式拍卖，中标者会得到一个有作者签名的加密数字文件。

2. 虚拟土地

2021 年，元宇宙平台 Decentraland 中的 1 块虚拟土地以 91.3 万美元的价格卖出；元宇宙游戏 Axie Infinity 中的 9 块虚拟土地以约 150 万美元的价格成交。可见，虚拟土地在 2021 年掀起了流量、社交的新风潮。

虚拟土地指的是虚拟世界中的土地，与现实世界相同，用户可以出售、出租、拍卖虚拟土地，也可以在虚拟土地上盖酒店、修建居民楼等。用户可以通过这些活动赚取数字货币。

虚拟土地在元宇宙和 NFT 的火热发展下价格飙升，如今的虚拟土地市场，每天都在进行着虚拟土地的买卖、转让和开发。许多著名的投资人，如灰度基金创始人 Barry Silbert、NFT 收藏家 WhaleShark 等都持有大量的

虚拟土地。由此可见，随着区块链加密技术的发展，出现了更多新兴的投资模式，虚拟土地便是其中的一种。

随着大量资金涌入虚拟土地市场，虚拟世界爆发出更多潜能，更多的投资者开始思考如何进行虚拟土地的商业化开发与建设，才能帮助自己更快实现财富增长。

例如苏富比在 Decentraland 建设虚拟画廊，鱼池创始人王纯在已购入的 The Sandbox 中的虚拟土地上建设狗狗币爱好者的总部，Boson 将虚拟土地用于建设虚拟商城，英国艺术家 Philip Colbert 在 Decentraland 上举办 NFT 艺术展和音乐会等。

未来，随着 NFT 在更多平台得以应用，用户创作的数字内容可以转化为多样的数字资产。而这也将不断激发数字内容创作的活力，最终实现元宇宙经济体系的良好发展。

11.2.3 平台发展，助力 NFT 交易市场形成

数字资产交易市场的火热发展使得很多人都看到了其中蕴藏的商机，很多企业纷纷布局元宇宙交易平台。NFT 虽然可以作为数字资产的加密凭证，但若是没有统一的交易平台，个人对个人的交易很难实现规范化，这也阻碍着 NFT 市场的规模化发展。

而 NFT 交易平台的出现能够从根源解决这一问题，它为个人之间的交易提供了交流与鉴定的平台，能够从根本上保护交易双方的利益。目前国外市场上活跃着很多 NFT 艺术品交易平台，例如 SuperRar、Nifty Gateway 等。

例如，SuperRar 是一个专注于数字艺术品市场的平台，全球近 700 位艺术家在该平台上拥有账号并进行专属创作。SuperRar 最突出的优势在于每一幅数字艺术品的创作时间、拍卖经历等数据都可以在分布式账本上溯源，因此在该平台上流通的数字艺术品都是独一无二的正品，没有人能够造假。

相较于 SuperRar 专注于单一的数字艺术品市场，Nifty Gateway 是一个更为大胆、更为创新的数字艺术品交易平台。它不仅支持普通艺术品的交易，例如画作、雕塑等，还与社会各界知名人士合作，例如运动员、主持人等，实现跨界数字艺术品创作。此外，Nifty Gateway 还与知名品牌合作，共同推出艺术品周边。很多年轻人都将 Nifty Gateway 作为寻找限量版 NFT 的平台。不仅如此，为了更好地开拓国际市场，Nifty Gateway 支持使用电子邮件地址注册。同时，它还推出了可以让以太坊（一个开源的、通过智能合约运行的公共区块链平台）用户与信用卡用户实现相同交互速度的功能，用户支付完成后的几秒内即可收到所购买的数字艺术品。

11.2.4 NFT 赋能游戏金融化，实现边玩边赚新功能

在当前的游戏中，游戏道具的交易已经十分普遍，例如，在手游《摩尔庄园》中，玩家可以通过生产农产品、制作菜品等方式获得多样的游戏道具并进行交易。而当 NFT 融入游戏后，其赋予了游戏道具更高的价值，甚至催生出了边玩边赚（Play to Earn）这一模式，使原本局限在游戏内的交易能够拓展到游戏外的交易平台中，搭建出了更为规范化的游戏赚钱模式。这使得 NFT 游戏有了更多金融属性。

例如，加密猫是早期 NFT 游戏中的代表。其中的每一只猫都有一个 NFT 编码，拥有独特的价值。两只猫配对之后会产生一只小猫，其造型和价值都是独一无二的，造型越稀有价值也会越高。

玩家可以将获得的小猫在交易市场中进行出售，以此获得收益。相比传统的养成类游戏，这种边玩边赚钱的模式更能激发玩家参与游戏的积极性。

边玩边赚钱模式是游戏与金融结合的 GameFi（游戏金融化）的一种表现形式，而 GameFi 体现了元宇宙经济体系的雏形。随着元宇宙的发展，GameFi 领域迎来了爆发，出现了一些更新奇的 NFT 游戏。其中，Axie Infinity 就是十分火热的一款 NFT 游戏。

和加密猫相同，Axie Infinity 也是基于虚拟宠物的 NFT 游戏。不同的

是，Axie Infinity 融入了更多样的玩法。玩家在购买了虚拟宠物 Axie 后，可以饲养并繁殖新的 Axie，或者通过其参与战斗。战斗模式和繁殖模式是推动游戏经济体系不断运转的核心。在战斗模式中，玩家可以操作 Axie 进行战斗，并获取游戏代币 SLP 和 AXS。在繁殖模式中，玩家可以通过两只 Axie 的配对得到新的 Axie。

为了实现 Play to Earn 模式，Axie Infinity 搭建了完善的经济体系。玩家可以通过战斗、繁殖或参与关键治理投票等获得游戏代币，也可以出售游戏代币获得真实的收益。在这个闭环的经济体系中，有游戏代币的产出渠道，也有赚取收益的渠道，大大激发了玩家参与游戏的积极性。

基于边玩边赚模式，NFT 游戏在为玩家提供多样玩法的同时，也让玩家能够通过游戏创收。游戏内部具有完善的虚拟经济体系，支持玩家通过交易积累虚拟资产。同时，这些虚拟资产也可以兑换为现实世界中的真实资产。

11.2.5 NFT 进入社交领域，展现独特社交价值

作为元宇宙经济体系中不可或缺的一部分，NFT 不仅能够应用在数字藏品、游戏道具等数字资产的交易过程中，还能够融入元宇宙的方方面面，例如元宇宙社交中。

在元宇宙社交中，数字头像具有独一无二的特性，更能彰显出拥有者的个性。例如曾因球星库里使用而大火的 BAYC（Bored Ape Yacht Club，无聊猿猴游艇俱乐部）NFT 头像就是如此。

BAYC 是一个描绘猿猴各种面部表情的 NFT 项目，其中的每一个 NFT 头像都是独一无二的。在出售这些 NFT 头像时，BAYC 同时会授予买家 NFT 头像的所有权和商业使用权。这意味着交易完成后买家不仅可以在社交平台上使用 NFT 头像，还可以以此形象设计并销售产品，如书籍、漫画、衬衫等。

这些 NFT 头像一经推出就受到了人们的热捧，一时间，推特上出现

了大量的猿猴头像，例如戴着太阳镜的猿猴、长着兔子耳朵的猿猴、穿豹纹服装的猿猴等，每一个 NFT 头像都是一只与众不同的猿猴。该系列 NFT 头像上线后，在一天内全部售罄，彰显了 NFT 头像的火热。

为什么 BAYC 推出的 NFT 头像受到了人们的追捧？除了 NFT 头像具备的收藏价值、交易的商业价值外，其蕴含的社交价值也真实切中了人们的社交需求。NFT 头像除了能够为买家提供更多谈资外，还以俱乐部的形式给予买家一种归属感。同时，NFT 头像的稀缺性也能够彰显买家与众不同的社交地位。这些都赋予了 NFT 头像与众不同的社交价值。

NFT 头像的社交功能彰显了其在社交领域的价值，也显示了 NFT 更大的发展空间。未来，将有更多的 NFT 商品应用于社交领域，满足人们更高的社交需求。

11.3 发展路径：聚焦 NFT 商品或平台

NFT 作为数字内容资产化、实体资产数字化的重要工具，在很多方面都得以应用。例如与知名 IP 合作，推出 NFT 商品，NFT 罗小黑盲盒正是由此产生。此外，一些企业也在 NFT 交易平台方面进行了探索，实现了 NFT 的铸造和初次交易。

11.3.1 尝试打造 NFT 商品

现实世界中的品牌与知名 IP 合作的案例并不少见，例如玩具厂商雅伦就曾与知名 IP《虹猫蓝兔七侠传》合作，推出了毛绒玩偶。如今在闲鱼等二级市场中，这些毛绒玩偶已经溢价数倍。与知名 IP 合作是打开产品销路、提高知名度的好方法，那么 NFT 商品是否也能复刻现实世界中的合作模式呢？答案是肯定的。

2021 年 3 月，美国经典 IP《美国众神》品牌旗下的 250 份 Technical Boy 系列 NFT 作品在 5 分钟内售罄；好莱坞 IP《神奇女侠》主题系列 NFT 作品销售总额达 185 万美元。诸如此类的经典 IP 在 NFT 领域并不少见，往往能够引发粉丝的抢购热潮。在这一趋势下，为了抓住 NFT 交易的红利，许多企业都依托 IP，推出了具有影响力的 NFT 商品。

2021 年 6 月，支付宝限量发布了“敦煌飞天”NFT 付款码皮肤。该 NFT 付款码皮肤是基于敦煌美术研究所的敦煌 IP 而设计的，体现了浓厚的敦煌壁画风格。

支付宝 NFT 付款码皮肤的推出显示了阿里巴巴在 NFT 交易方面的探索，也展示了企业入局 NFT 的一种形式：企业可以联合知名 IP 或以自身旗下 IP 为切入点，推出有影响力的 NFT 商品。例如和知名艺术家合作、和全球知名的动漫 IP 合作、以自身游戏 IP 推出 NFT 商品等。

无论是艺术家，还是动漫 IP，其核心价值就在于自带流量，能够吸引粉丝为 NFT 商品买单。在市场需求下，NFT 商品能够实现顺利销售，同时买家也可以通过持有 NFT 商品获取其后期升值带来的利润。

11.3.2　尝试打造 NFT 交易平台

NFT 交易平台的出现能够有效遏制私人交易市场中盗版、一物多卖的交易混乱现象。虽然 NFT 能够为数字资产提供确权服务，但是私人之间的交易始终存在欺诈的风险，因此 NFT 交易平台顺势而生。

NFT 交易平台能够助力市场交易规范化发展，尤其是在数字艺术品交易市场。当前，我国的 NFT 交易平台开发处于刚刚起步的阶段，但已经具备一定规模。一些小众艺术家及收藏家纷纷入局、小试身手，也获得了一定的成绩。例如，2022 年，某加密艺术家的 NFT 画作在中国嘉德拍卖行卖出，获利共计 66 万余元。

目前我国主流的数字艺术品交易平台主要有阿里拍卖、蚂蚁链、腾讯幻核和 Umx.art 等。

Umx.art 在 2021 年邀请部分画家举办了一场小型拍卖会。某成都画家受邀在该平台将自己的 3 幅 NFT 画作拍卖，共获得利润 7 万余元。据 Umx.art 的相关负责人介绍，Umx.art 是首个面向国内市场开展业务的 NFT 交易平台。而 Umx.art 与国外 NFT 交易平台的最大区别在于 Umx.art 负责对上链的艺术家及其作品进行真伪鉴定，避免有人冒充艺术家或上传盗版数字艺术品，导致侵权问题的发生。除此之外，Umx.art 还会对一些小众艺术家进行采访和宣传，能够让更多的人了解艺术市场现状。

此外，很多博物馆中的珍贵艺术品同样能够在 NFT 平台中上链交易。数字艺术品是对原作实物 1 ∶ 1 的扫描还原，收藏家能够负担得起数字艺术品的价格，还能够获得数字艺术品的所有权。

区块链的种种特性，例如可以溯源原作历史、保证原作正版和数字稀缺性，为 NFT 交易平台的打造提供助力。NFT 交易平台能够创新知识产权结构，明晰版权界限。而且基于智能合约与代币的应用，艺术家和收藏家有了更多的投资机会和选择，国内的数字艺术品市场也能够获得快速发展。

第 12 章

创新奇点到来，元宇宙开启新机遇

在时代的趋势下，元宇宙乘风发展。元宇宙的发展并不是一时的，在技术、资本、用户的驱动下，元宇宙将实现长久发展。就目前来看，已经有一些公司走在了时代前沿，凭借自身先进技术探索多样化的元宇宙应用。这些公司的探索将进一步推进元宇宙进程。

12.1 未来可期：元宇宙展现巨大发展潜力

发展至今，元宇宙展示出了巨大的发展潜力。在资本、技术的助力下，元宇宙将深刻变革当前社会，甚至实现人类的数字化生存。

12.1.1 三大因素助推元宇宙持续发展

以发展的眼光来看，元宇宙有望在未来实现爆发。元宇宙的发展并不是昙花一现，而是体现了时代发展的趋势，将在时代大势的推动下获得长足发展。具体而言，元宇宙将在以下三大因素的作用下获得持续发展，如图 12-1 所示。

图 12-1　推动元宇宙发展的三大因素

1. 元宇宙体现技术应用新场景

从技术方面来说，元宇宙为 VR、AR、AI 等技术提供了新的应用场景，这激发了市场对于这些技术的需求。在元宇宙的刺激下，这些技术有了更广阔的发展空间。

以 VR 为例，在 VR 设备出现之初，也曾受到过市场的追捧。当时市场中的一些高质量的 VR 设备以较高的硬件水准和开放的生态获得了用户的青睐，但 VR 行业的发展并不顺利，随着市场中的 VR 设备越来越多，VR 设备良莠不齐，无法保证所有用户都能够获得较好的 VR 体验。

而元宇宙的发展为 VR 提供了重获新生的契机，元宇宙概念的兴起促进了 VR 设备市场的扩大与销量的增长。研究机构 Trend Force 集邦咨询发布的报告表示，元宇宙将推动更多厂商加入建设虚拟世界的队伍中，2022 年末，全球 VR/AR 设备出货量将达到 1202 万台，年增长率达 26.4%。

2. 元宇宙为资本提供新项目

作为资本市场中的“元宇宙第一股”，Roblox 上市首日即股价大涨，当日收盘后，其市值突破 400 亿美元。这并不是资本的一时冲动，在上市后，Roblox 的市值依然持续走高。

2021 年 11 月初，Roblox 发布了 Q3 财报。财报显示其收入同比增长

102%，达到 5.093 亿美元；第三季度平均 DAU（Daily Active User，日活跃用户量）为 4730 万，同比增长 31%。受财报影响，Roblox 股价一路飙升，截至 2021 年 11 月 17 日，Roblox 总市值已突破 700 亿美元。

Roblox 提出元宇宙概念是其被资本市场看好的关键原因。而 Roblox 在资本市场中的火热发展让更多企业看到了资本的新出口，于是纷纷跑马圈地，押注元宇宙。新兴的游戏公司、VR 公司等借元宇宙的东风纷纷获得融资，而腾讯、字节跳动等互联网大厂投资动作不断，加速在元宇宙领域的布局。在互联网行业发展放缓的当下，各大巨头需要布局新的增量市场，以进一步扩大自身的商业版图。

3. 元宇宙为用户提供新体验

当前，很多游戏、社交平台为了吸引用户，不断更新玩法，举办各种活动。丰富的内容的确能够吸引更多目光，但不可否认的是，当下很多内容都难以在交互方面实现突破。例如，玩家虽然获得了一个虚拟化身，但还是需要轮盘和各种按键指挥虚拟化身，在与游戏中的其他玩家交互时，也只能依靠文字、图片、语音等传统的交互方式，难以获得新体验。

而元宇宙的发展能够满足用户对于更自然的交互体验的需求。未来，随着追踪技术和动作捕捉技术的升级、触觉互联网在元宇宙中的应用等，用户在元宇宙中的动作、表情等都将变得更加自然，交互也将更加实时、高效。

综上所述，元宇宙能够满足技术发展、资本投资、用户体验的多重需求，其是在时代发展的大势下应运而生的，具有长久的生命力。此外，在技术、资本、用户的多重助力下，元宇宙也将迎来发展的黄金时期。

12.1.2　元宇宙数字生活已现雏形

在元宇宙的终极形态中，其将为人们打造一个数字化生存的新场景，人们的社交活动、工作活动、娱乐活动等都能够在虚拟世界中实现。当前，这个终极目标虽然遥远，但已经有一些平台搭建起了元宇宙生态的雏形，为用户提供较为全面的虚拟生活体验。

例如，区块链游戏平台 Decentraland 就搭建了较为完善的虚拟生活场景。用户可以在 Decentraland 中得到一个虚拟化身，以此游览虚拟世界。其中的虚拟化身和虚拟场景都设计得较为真实，十分接近人们日常生活中的真实场景。

同时，为了丰富元宇宙的形态，Decentraland 从人们工作和生活的多角度入手，满足人们在虚拟世界中的更多需求。

一方面，Decentraland 能够满足用户衣食住行方面的基本需求。在“衣”方面，Decentraland 中有多样的 NFT 皮肤，如各种风格的服装、鞋子等，甚至还有虚拟时尚品牌 RTFKT 在其中推出的流行服装；在“食”方面，已经有创作者在 Decentraland 中开设了虚拟的比萨店，支持顾客在其中购买比萨，同时将比萨送到顾客提供的现实中的地址；在“住”方面，Decentraland 中存在多样的虚拟住宅，人们可以在其中购买住宅并进行交易；在“行”方面，Decentraland 提供热气球、飞车等出行工具，丰富了人们的游览体验。

另一方面，在娱乐、学习、办公等其他方面，Decentraland 也进一步满足了人们的需求。Decentraland 中有各种游乐场、酒吧等虚拟娱乐场所，同时和现实世界联动，举办了虚拟世界杯、虚拟演唱会等，丰富了人们的娱乐生活。同时，Decentraland 中还建有大学城，并开设了 VR 学院，让人们可以在其中学习 VR 知识，满足人们的学习需求。此外，Decentraland 中还存在多样的办公场景，支持企业在其中搭建虚拟办公场地。

Decentraland 从多角度入手，搭建起丰富的元宇宙场景，展现了人们在元宇宙中生活的雏形。未来，Decentraland 会进一步发展，新的元宇宙平台也会出现。在这些平台的共建下，更多现实场景将在元宇宙中实现复刻，吸引更多人生活在元宇宙中。

12.2　元宇宙新商业与新生态前沿案例解析

元宇宙描绘了未来生活图景，催生了新商业与新生态。在这个过程中，拥有技术优势与资本优势的公司将成为重要推动力。目前，已经有不少公司在元宇宙新商业与新生态方面进行了探索，这在印证元宇宙潜力的同时也激发了元宇宙的潜力。

12.2.1 图扑科技：打造智慧园区可视化管理平台

随着产业园区数字化的发展，在人脸识别摄像屏下无感进出园区、智能机器人自动配送等只是数字化园区的初级体验。随着元宇宙的发展，可视化园区管理、多样的数字化集成解决方案等将成为更多园区的标配，形成更加便捷的智慧园区。

相比于传统的工业园区，智慧园区综合运用云计算、物联网、大数据等技术，能够通过监测、分析、实时响应等方式整合园区资源，实现设施智能化、管理信息化、服务便捷化、治理精细化。整个园区的能耗情况、照明情况等，都可以展示在图扑软件一体化平台中，实现园区运行“一屏通览”和园区治理“一网统管”。

在这方面，图扑科技自主研发了 2D、3D 图形渲染引擎，为可视化提供丰富的展示形式，致力于园区元宇宙的实现。

图扑科技园数据可视化监管平台（如图 12-2 所示）能够 3D 展示园区的基础设施，同时通过 2D 面板呈现园区的环境、能耗、人员等数据，从而实现事前预警、事中监测与事后分析，推动园区的智能化发展。

图 12-2 图扑科技园数据可视化监管平台

平台支持多种方式的模型渲染，例如可以通过对园区内建筑、道路等进行三维建模，输出立体模型，再通过渲染引擎进行渲染，还原园区整体情况。此外还可以设置白天或者黑夜两种场景。白天场景以写实风格为主基调；黑夜场景即通过渲染引擎渲染出虚拟的场景效果。

整体来看，图扑科技园数据可视化监控平台可以凭借多样的系统实现丰富的功能。

1. 变电与能源系统

平台可以渲染出科技感的线框模型，实现产业园大楼可视化，便于管理者借助模型轻松查看大楼整体布局结构。同时，平台不仅可以展示大楼内部的实时功率，还会每日更新大楼的能耗，便于管理者了解大楼能耗数据以及支路用能数据。

2. 环境与空调系统

借助环境与空调系统，平台可以在 3D 大楼场景中显示楼栋温度和冷却水泵、空调主机的位置，便于检修人员检修维护。同时，平台还会借助红外感应器、激光扫描器等装置实时采集设备运行数据，便于管理者了解每栋楼的能效情况。

3. 安防系统

视频安防监控系统可以利用视频探测技术，监视不同区域并实时显示、记录现场图像。同时，该系统可以结合多项多媒体功能，将各类视频资源集合成统一的视频流，并在可视化场景中标注摄像头并关联其视频信号源，实现不同楼层监控视频的调取和展示，满足管理者进行实时态势感知、历史数据比对的监测需求。

4. 消防系统

消防系统包括室内消火栓系统、自动喷淋灭火系统、电动防火阀控制系统、防火门控制系统等。当发生火情时，火灾自动报警系统将筛查燃烧产生的烟雾、火焰等，并发出信号，通知整个楼层疏散。同时，控制器将记录火灾发生的位置、时间等，便于管理者及时采取措施扑灭初期火灾。

5. 照明系统

照明系统包括自然光照明系统、人工照明系统、二者结合的照明系统等。该系统利用无线通信数据传输、计算机智能化信息处理等技术，实现了分布式无线遥控的功能。此外，依据照明强度不同，其可以分为上班模式、下班模式、休息模式，更好地实现节能效果。

6. 电梯系统

电梯系统可以监管电梯的运行，动态展示电梯移动情况。同时，该系统还可以展示各电梯位置分布、状态、速度、质检等信息，便于管理者了解电梯的实际运行时间、易损件的使用次数等。此外，该系统还可以做到电梯故障风险提前预警，及时定位故障电梯所在位置，缩短救援、排障的时间。

12.2.2 像航科技：聚焦无介质全息技术

在显示与交互方面，像航科技凭借其核心技术——无介质全息技术积极进行元宇宙应用方面的探索。无介质全息技术是一种在画面区域无须任何成像介质，且裸眼可以观看的一种新型的显示与交互技术。

无介质全息技术属于 XR 技术领域，是全息投影技术的一个分支。其能够融合虚拟与现实，产生新的可视化环境，实现听觉、触觉、嗅觉、味觉等感官的联动。从技术特征角度来看，无介质全息技术是融合虚拟与现实、实现元宇宙虚实共存的关键“桥梁”技术。

在元宇宙场景方面，像航科技已经和诸多行业头部企业进行了前瞻性的合作，共同推进元宇宙应用的落地。

1. 展览展示行业

在展览展示行业，像航科技与行业龙头风语筑合作，积极布局数字化展陈元宇宙。风语筑是我国数字展示行业的龙头企业，业务范围包括数字化体验空间打造、提供数字化产品与服务等。像航科技借助无介质全息技术，携手风语筑在科技馆、博物馆等线下场馆搭建元宇宙展示场景，实现虚拟场馆、虚拟数字人、数字纪念品的全息呈现与交互。

目前，像航科技元宇宙展示相关的产品方案已经在 60 多个地市场馆落地。2021 年 12 月，像航科技携手风语筑，在湖南卫视《天天向上》节目中进行了元宇宙科普，并制作了展示湖南卫视 Logo 的虚实结合元宇宙演示终端。

2. 礼品行业

在礼品行业，像航科技与我国广告协会数字元宇宙工作委员会副主任单位元隆雅图旗下的元宇宙公司元隆宇宙合作，打造元宇宙消费场景。元隆宇宙致力于推进元宇宙中广告传播、品牌营销、数字化建设等方面的资源整合与引导赋能。其中，融合元宇宙元素的全息音箱已经实现批量生产。同时，全息虚拟人技术融合冰墩墩、亚运会吉祥物等 IP 形象的礼品也在研发过程中。

3. 车载领域

车载领域是像航科技自成立初期就重点布局的领域。2021 年，像航科技与华为智能座舱部门合作，共同开发车载元宇宙产品。其中，像航科技通过无介质全息技术，实现车内虚实共存和虚实交互。而华为智能座舱部门借助华为鸿蒙 OS，打通各类车载硬件终端产品，通过显示平台的视觉提升和多模态交互的综合应用，打造符合车内空间体验的车载元宇宙。

未来，像航科技也会继续围绕技术，对具体元宇宙细分场景进行赋能，提供更多元宇宙场景的产品与解决方案。

12.2.3 盈趣科技：打造基于数字孪生的智能制造元宇宙

数字孪生技术是搭建工业互联网平台的关键技术。该技术利用物理模型、传感器更新、运行历史等数据，能够实现物理空间与虚拟空间交互映射，反映出相对应的实体设备的全生命周期。

盈趣科技聚焦数字孪生技术，积极推进“基于数字孪生的智能制造元宇宙”项目。盈趣 UMS（统一管理系统）工业互联网平台是该项目数字孪生技术应用的关键载体。平台通过传感器获得的数据，能够准确反映实体设备的工作状态。

具体而言，该项目聚焦以下功能进行探索。

（1）通过研发家用精密电子产品生产机器人和 UMS 工业互联网平台，实现生产线作业流程的虚拟仿真以及真实设备动作状态的实时同步，实现虚实生产线之间的信息反馈与交互；建设可以使用在不同项目上的通用数字孪生平台，以实现生产线作业流程、故障内容的实时可视化呈现，在实时监控生产线的同时诊断生产线故障，便于用户及时修复问题。

（2）根据家用精密电子产品生产机器人 3D 模型，完成生产线虚拟样机几何建模，对部分零部件进行适当简化与合并，调整关键运动构建的坐标系位置与轴心位置，方便零部件后续的运动仿真控制。并对所有零部件进行编号与分类重组，构建家用精密电子产品生产机器人车间环境模型。

（3）根据家用精密电子产品生产机器人的工艺卡片和工艺文件，分析机械臂上夹持装备与物料运输装备的控制配合关系，研究物料循环系统的整体工作流程，分析其中各类气缸电磁阀等装备的 PLC（可编程逻辑控制器）控制信号的顺序控制状态，实现家用切纸机器人生产作业流程数字化建模。

（4）通过在生产线中构建传感网络以及获取 PLC 等工控设备的控制信号，结合 Socket 等通信技术手段实时获取传感数据，同时建立生产线几何模型和作业流程模型的关联，在虚拟环境中实现数据驱动的家用精密电子产品生产机器人完整生产作业流程的虚拟仿真。

（5）通过开发数据接收与处理、实时数据驱动运动、状态分析与可视化等软件功能模块，构建家用精密电子产品生产机器人数字孪生体，实现二者的数据交互，使得实际装配生产线在运动时，虚拟环境下的装配生产线也能相应地运动，从而实现设备虚实动作与状态的实时同步。

该项目实现了精益研发、智能生产、精益管理，进一步构建了网络化协同、个性化定制、服务化延伸等功能，在智能制造领域拥有广阔的应用前景。

目前，该项目已经拥有了诸多落地实践案例。例如，Intretech（Makaysia）Sdn. Bhd.[盈趣科技（马来西亚）有限公司]基于该项目，构建了家用雕刻机生产机器人车间环境模型，实现了生产作业流程数字化建模，打造了数字化、智能化车间。同时，漳州盈塑工业有限公司也基于该项目构建了精密电子产品智能制造车间环境模型，实现了生产作业流程数字化。

在进度方面，目前该项目的研发和现有产线改造已经完成，后续可根据具体产线类型和客户需求进行升级与运维。

在未来需求方面，盈趣科技具有将上述“基于数字孪生的智能制造元宇宙”项目拓展为基于数字孪生的智慧工厂元宇宙的需求。近年来，“5G+工业互联网”飞速发展，应用场景不断拓展，相关应用在远程设备操控、产品质量检测等场景中取得了明显成效。工业互联网已经成为制造企业数字化转型的重要手段。

该项目以工业机器人为核心，以盈趣 UMS 工业互联网平台为阵地，能够以料框和供料模块的配合满足不同产品的智能装配需求。盈趣 UMS 工业互联网平台能够对生产线各关键部件进行实时监控，以实时数据驱动数字孪生体。同时，管理者可以借助平台进行生产线布局优化，并对整体装配作业流程进行仿真模拟，以减少实际生产线中由于规划不全面造成的损失。此外，平台还可以对生产事故进行远程预警，有效解决实际生产中存在的生产线监测难、生产线布局优化难、作业流程仿真模拟难等问题。

未来，平台需要“5G+ 工业互联网”技术来为远程操控、无人智能巡检等场景提供助力，提升响应速度，优化生产流程，从而提高生产效率。

此外，该项目在未来发展过程中还存在一些挑战。在数据与安全层面，平台中的数据能够描绘出具体生产线、车间甚至具体产品的状态以及批次产品质量等信息，因此这些数据的私密性至关重要。在这方面，盈趣科技积极进行 5G 私域网络的建设、切片应用的部署，并不断提升业务人员的素质，以确保数据安全。

在运维层面，该项目需要专人在运动模型可视化、数据模型可视化方面进行投入，标准化程度并不高导致成本较高。同时，在现场维护方面除了产线作业员外，还需要电控自动化、通信以及计算机等领域相关的专家对特定故障进行排查。因此，该项目的应用成本较高。

一般而言，对质量要求较高、产线控制性强、安全生产要求高的业务才会选用该应用。盈趣科技的客户多为对质量、品质要求较高的下游企业，可以最大限度地吸收上述成本。同时，建设单位也在积极参与标准化活动，进一步推进智能制造元宇宙的标准化。

在社会层面，如果需要大规模实施该项目，则需要在制造业相关的院校增设动画、游戏、通信、电控、计算机等学科，这既是一种机遇又是一种挑战。在这方面，通过积极的校企合作，盈趣科技已与清华大学、天津大学、厦门大学、厦门理工大学、福州大学等高校达成从研发、基础设施共享到人力人才培养等多层面的合作，确保人才池的深度和人才类型的广度，为社会培养优秀的产业人才。

12.2.4 美图公司：以数字藏品探索元宇宙科技美学

在探索元宇宙应用方面，美图公司也做出了积极尝试。与其他公司不同的是，美图公司以数字化的“物”为标的，聚焦数字藏品领域，以数字藏品探索元宇宙科技美学。

数字藏品是具有唯一性的数字文化产品，是可被数字技术转换的、储存于数字环境里并具备一定审美与收藏价值的产品。数字作品在区块链上进行确权处理，从而转化成可以保存、追溯、拥有的数字藏品。

数字藏品的出现让作品可以突破现实世界的局限，为创作者提供更为广阔的表达空间。同时，数字藏品也代表着创作者对于创意和审美的表达。科技赋能艺术创作更多可能性，让数字产品更融入生活，为用户创造前所未有的体验空间与精神价值。

聚焦科技美学的表达，美图公司旗下的数字藏品品牌美图宝石于 2022 年 4 月推出了第一期数字藏品“灵境宝石”，限量发售 2008 枚。如图 12-3 所示。

图 12-3　“灵境宝石”系列数字藏品

美图公司基于美图影像实验室自研渲染引擎与 3D FA（自动完成产品制造的全部或部分加工过程）技术，采用物理渲染的光照模型，结合深度散色技术还原宝石真实质感，并由用户自拍参与共创，通过人脸对齐数据与重投影技术重建立体人像，生成独一无二的专属数字藏品。

数字藏品确权在法务上是难点。数字藏品作为虚拟资产，其被复制传播的成本低，确权是尤为重要的一环。NFT 作为数字资产的权利凭证，其以区块链技术为基础，在“链”上发行具备唯一性和公信力的权利通证，为元宇宙内数字资产的产生、确权、定价、流转和溯源等环节提供底层支持。当数字藏品通过 NFT 技术加密后，便拥有了一张唯一的数字证书。同时，数字藏品可以永久地存储在区块链上，无法被复制和篡改，因此数字藏品是可以被追溯的，可以明确版权并进行交易。

美图公司高级法务总监陈劲松对消费者如何合理使用数字藏品这一问题进行了专业解读。他认为，一方面，国内各 NFT 平台对数字藏品物权转移之后的使用进行了一定的限制，数字藏品物权转移后购买方可以进行个人学习、研究、欣赏等，但一般不允许商业性使用。同时，数字藏品二级市场交易中也存在严格的限制，头部平台只允许转赠，非头部平台往往对数字藏品的二次交易设置障碍，例如购买后6个月或者两年内不能进行交易，两年之后可以进行二级市场交易。个人在互联网传播平台发表或者使用NFT数字藏品时，如果行为突破了个人欣赏的界限，涉及直播或者带有一定技术性的使用，则此时使用行为可能会涉及侵犯著作权的问题。

另一方面，国内的NFT平台以及域外的NFT平台不允许著作权的授权使用，但是一些特殊情况除外。以阿里拍卖栏目下的数字艺术品拍卖为例，如果一位艺术家将自己的艺术作品上架进行拍卖，该艺术作品可以进入普通拍卖市场，也可以进入数字艺术品市场。如果选择进入数字艺术品市场，则需要将该实物作品数字化生成NFT数字藏品。此时的NFT数字藏品拥有进行著作权授权或者著作权转移的可能性，除此之外基本上再无著作权的授权信息。

在平台合规性审查方面，国内的NFT平台有在特别声明中提到，数字藏品由版权所属方提供，平台仅作为发行方，如因版权所属方或者原创作者存在侵权、内容违法违规、有损国家利益、违反社会道德与公序良俗、发表不当言论等不可抗力因素，导致数字藏品被屏蔽或限制使用，版权所属方需负责，平台可协调处理。

在实践中，NFT平台应该比照法律意义上的网络平台，即网络技术服务方这个角色确定法律责任。数字藏品的持有人在NFT平台上发布数字作品进行交易，持有人是发行方，网络平台是NFT的技术服务方。对于NFT平台来说，其应当承担的是《中华人民共和国民法典》（以下简称《民法典》）意义上的网络平台责任及义务，如数字作品权利来源、内容合法性、不侵犯他人权益等。

要想了解NFT平台不同的运营模式，首先需要了解“链”的概念。“链”的概念决定了国内和域外不同的NFT平台运营思路。“链”的概念中最重要的是公链和私链的概念。所谓公链即类似域外NFT平台那样，用以太坊向全网公开，任何人均可以申请成为“链”上的节点，参与到“链”的共识和读取等一系列的活动中。

私链是比较封闭的“链”，例如某政府部门网站使用区块链技术，发布政府红头文件，那么每份文件都是一个 NFT。这些文件允许他人访问，但不允许他人参与链上的其他活动。

介于公链和私链之间的“链”称为联盟链。联盟链实质上是私链的扩大化，是多个已知的、确定的、特定的节点共同组成的“链”。

2021 年 6 月，工信部和中央网信办联合发布的《关于加快推动区块链技术应用和产业发展的指导意见》中，明确提出了建设行业级联盟链。在“链”的应用上，域外普遍应用公链。结合我国对互联网行业治理的要求，目前国内对“链”的应用基本上以联盟链为主。

关于交易媒介，国内 NFT 平台交易媒介是人民币或者数字人民币，域外 NFT 平台交易媒介主要是以太币或者其他的虚拟货币。在平台运营模式上，国内主要是 PGC 模式，域外主要是 UGC 模式。国内 NFT 平台往往会邀请品牌入驻或者邀请艺术家向平台提供作品，而域外的平台是开放式的，任何人均可铸造 NFT 数字藏品。

2021 年，美图申请了“MEITU METADREAM”商标。未来，美图将探索更多的元宇宙项目，推动更多项目的落地，并会将目光聚焦于元宇宙中“人”的应用，如虚拟主持人、虚拟偶像，以及元宇宙生活场景、工作场景的综合应用。同时，美图公司将运用自身在美学、区块链方面积累的优势，以影像产品为载体为用户提供元宇宙体验。

对于美图在元宇宙领域的布局，美图创始人兼 CEO 吴欣鸿认为，美图将在未来以第三方开发者的身份服务更多创作者，推动元宇宙从概念到应用的落地，推动元宇宙商业价值的转化。

第 13 章
前景描绘：技术发展推动社会变革

元宇宙的前景是光明的。元宇宙的发展离不开相关技术的迭代与升级，例如 AR、VR、区块链等，这些技术是实现元宇宙与现实世界融合必不可少的工具。而元宇宙也正在实现分阶段、分领域的落地，向现实世界中的更多领域延展。无论是教育、游戏，还是办公等领域，或是看不见、摸不到的经济体系，元宇宙都将为其赋能。最终，元宇宙将由多元化发展走向统一，推动社会变革，实现虚拟与现实世界的共建。

13.1　多技术升级，赋能元宇宙基建

近年来，元宇宙落地的进程在不断加快，而这一切都离不开相关技术的快速迭代。例如 VR 技术升级，感官沉浸感增强；AI 的投入使用使得元宇宙的内容更加逼真；脑机接口技术的研发则使人们看到了未来能够完整体验元宇宙的可能性。未来，随着多种技术的进一步升级，元宇宙基建将进一步完善。

13.1.1 XR 设备融合多种技术，打造全方位沉浸体验

XR 是进入元宇宙的入口之一。但当前的 XR 设备在沉浸式体验方面还存在一些缺点，如视觉沉浸不真实、缺乏触觉与嗅觉体验等。而随着 XR 技术的升级，这些问题都将得到解决。未来，XR 设备将综合实现以下四个方面的沉浸感。

1. 视觉沉浸

视觉沉浸表现为人们可以看到逼真的虚拟环境，可以根据虚拟世界营造的空间感分析自身所处的位置，如身处高楼上、身处山谷中等。同时，虚拟世界还要保持极高的刷新率，虚拟场景可以随人们的视野变化实时刷新。

2. 听觉沉浸

听觉沉浸表现为借助 XR 设备，人们可以如同在现实世界中一样听到周围环境中的所有声音，包括周围人们的说话声、风声等。同时，虚拟世界中的声音大小还应随空间的远近而变化，模拟出真实的听觉体验。

3. 触觉沉浸

触觉沉浸表现为人们能够在虚拟世界中获得拟真的力反馈和触觉反馈。例如，当人们用手击打虚拟物品时，可以获得拟真的力反馈；在触摸虚拟物品时，也可以根据触觉反馈感知物品的质感。

4. 嗅觉沉浸

嗅觉沉浸表现为人们可以在虚拟世界中获得拟真的嗅觉体验，如可以闻到花香、树木的清新味道等。

当前，在 XR 创造的沉浸体验方面，很多公司都已经做出了尝试。例

如，在听觉沉浸方面，Roblox 计划将在平台中融入“空间语音”功能，该功能可以加深玩家在虚拟世界中的沉浸感。在现实中，人们会通过声音进行各种交互，如和朋友一起欢呼、向远处的朋友呼喊等。这些场景在虚拟世界中的实现能够提升玩家的沉浸感。而借助“空间语音”功能，玩家能够自然地和身边的朋友低声私语、呼叫远处的朋友等。

再如，在触觉沉浸方面，市场上已经出现多款触觉沉浸手套。以 VRgluv 触觉手套为例，低延迟、高自由度的追踪定位和 360° 无死角拇指跟踪使得其可以捕捉复杂的手势动作并真实还原到虚拟世界中。同时，该触觉手套中埋入了诸多力度传感器，当虚拟世界中的手和物品产生接触时，力反馈技术会利用制动装置使用户感受到物品的软硬程度和重量，感受到真实的触感。

当前，受限于技术水平，XR 设备在沉浸感方面尚需完善，如存在卡顿、眩晕、动作捕捉延迟高、未能实现全感官沉浸等。而在未来，随着 5G 和 6G 的发展以及视觉沉浸、听觉沉浸、触觉沉浸、嗅觉沉浸等方面技术的成熟，全感官沉浸的 XR 体验将成为现实，人们在虚拟世界中将得到更加真实的沉浸体验。

13.1.2　引擎普及，用户创作成为趋势

用户创作内容是元宇宙发展的驱动力。因为用户创作内容不仅能够丰富元宇宙的内涵，延伸元宇宙的边界，还能够体现用户的价值，让用户参与元宇宙经济体系的建设中来。因此，元宇宙要为这些创作者提供更加简单、更加智能的创作工具，为创作者赋能。

以沙盒游戏 Roblox 为例，其不仅为用户提供自由体验的虚拟空间，还拥有引擎平台 Roblox Studio。基于此，用户可以在平台中自由创作新游戏，设计游戏玩法和道具等，并以此获得收益。同时，开放的引擎平台也吸引了海量用户参与内容创作，丰富了平台的内容生态。

当前，很多企业都意识到了 UGC 内容的重要性，并进行了各种尝试。

例如，腾讯旗下的天美工作室启动了一个新的游戏项目“ZPLAN”，并针对其启动了平台运营、开发者社区等方面的招聘工作，要求应聘者具有搭建 UGC 平台的能力。

再如，昆仑万维在 2021 年收购了游戏引擎 Game Maker Studio，同年推出了云游戏平台 GXC。游戏开发者可以在 GXC 平台通过 Game Maker Studio 游戏引擎的支持自由创作游戏，并将作品发布到 GXC 平台上。

未来，在元宇宙项目或平台中，开放的 UGC 创作工具将成为必备工具。在越来越多的 UGC 创作平台产生的同时，传统平台也将融入 UGC 创作功能，向着元宇宙的方向进化。

13.1.3 3D 全息投影普及，融合虚拟与现实

3D 全息投影技术是基于 2D 投影技术发展而来的。传统的 2D 投影是将图像投影到平面幕布上，需要较大的空间和纯白色的幕布，否则投影出来的图片就会失真。而 3D 全息投影不仅可以在小空间内 1 ∶ 1 还原投影物体的 3D 影像，观看者还无须佩戴任何设备。3D 全息投影的原理是借助光的干涉与衍射，将物体的立体图像投射到空间中。

3D 全息投影技术是实现虚拟世界与现实世界加速融合的助推剂，也是推动元宇宙快速落地的重要技术之一。具体来说，3D 全息投影技术主要具有以下几个方面的优势。

（1）观众无须佩戴相关设备即可用肉眼直接观察到虚拟人物或物体的立体影像。

（2）3D 全息投影的影像立体感很强，能够让观众全方位观赏，并且投射出的影像画质清晰、色彩鲜艳，具有很强的感染力。

（3）3D 全息投影不会被场所空间限制，即使在狭小的空间也能够实现多角度的立体投影。

正是基于以上优势，3D 全息投影才能够打破现实世界中存在的时间与空间的隔阂，推动现实世界虚拟化发展进程。

目前，3D 全息投影技术已经在很多行业普及。例如，在娱乐行业，传统的舞台通常使用简单的舞台灯光变换、大屏幕背景切换和干冰制造雾气来营造氛围，而采用了 3D 全息投影技术的舞台，不仅可以将现场没有的实体物品投射到舞台上，还可以投射虚拟物品，甚至可以实现虚拟人物与现实世界的歌手同台互动。知名虚拟歌姬洛天依的现场舞台就是由 3D 全息投影技术实现的。

13.1.4　AI 迭代，实现虚拟与现实智能连接

AI 能够在不断的发展中体现出更多智能性。AI 不仅能够完成一般机械所做的工作，还能够通过不断的学习累积知识、经验和技能，完成更加有难度的挑战。简单来说，AI 具有成长性，能够让机械表现得更像人类。而这也正是人们连接现实世界与元宇宙所需要的，例如能够实时智能互动、虚拟现实互动等。AI 将助力打造虚实结合的元宇宙基础设施，使虚拟空间与现实世界打破边界，人们能够在其中实现沉浸式的虚实交互。

AI 能够有效拉近元宇宙与现实世界的距离，并助力元宇宙智慧化建设。具体来说，AI 的优势主要有两个。其一是能够进行重复性工作。AI 不需要休息，在完成任务之前它会一直工作。因此，在建设智慧元宇宙时，AI 将会大大加快其完成速度。其二，AI 能够进行各种危险工作，并且减少犯错误的次数。例如需要火山内部岩浆数据、对纳米级样本进行数据分析等，都需要 AI 完成。

AI 作为元宇宙智慧化建设的强大助力，不仅能够让元宇宙的构建更加智慧，也能够通过与其他领域的结合，催生出更多工作岗位，拉动数字化经济增长。例如在教学辅导和职业培训等领域，以 AI 技术为核心的智能教学正在成为主流。智能批改作业、沉浸式可互动技能训练等功能既解放了老师，让老师有更多精力投入教学中，又能够针对不同学生的需求提供个性化教学，可谓一举两得。

AI 正带动整个元宇宙加速发展，从教育元宇宙、工业元宇宙到经济元

宇宙等各个场景，AI 正在与其他技术结合，并逐渐渗透人们的日常生活、学习中。AI 升级，能够解决元宇宙落地难等问题，打造一个更加智能、更加便捷的元宇宙生态。

13.1.5 脑机接口：元宇宙的下一个入口

根据相关专家的设想，未来，人们应当能够随时随地进入元宇宙。例如在影视作品中，主角往往通过一枚小小的芯片便可以自由穿梭在现实与虚拟世界中。但受限于技术，目前进入元宇宙的方式十分有限，例如 XR 设备。而元宇宙与生物领域的结合使人们发现了新的入口——脑机接口。未来，随着脑机接口技术的发展，其有望取代 XR 设备，成为元宇宙的下一个入口。

《攻壳机动队》《黑客帝国》等科幻作品都对利用脑机接口进入元宇宙的方式进行了描绘。大脑与电脑连接后，人们可以在虚拟世界中自由获得信息、开展社交，甚至拥有味觉、触觉等感官体验。相比当前的 AR、VR 等技术，脑机接口将给人们带来颠覆性的元宇宙体验。

在当前的游戏中，玩家的攻击、跳跃等动作都是预设的，无论玩家如何操作，预设动作都不会改变。而脑机接口用意志控制虚拟化身的行动，玩家可以在虚拟世界中自由行动，随心所欲地进行交互，实现更自由的操作。

除了摆脱预设动作的“枷锁”外，脑信号的双向传输使得多种感官反馈成为可能。在这种情况下，当人们在虚拟世界触摸一块石头时，能感受到石头的温度、重量等，虚拟与现实之间的界限也将被打破。

就目前来看，脑机接口技术存在诸多发展难点。人们通过脑机接口用意识进行操作，凭借的是大脑发出的信号，只有精准识别、解析大脑发出的信号，通过脑机接口进入元宇宙的设想才能成为现实。

目前，已经有一些公司在这方面做出了探索。脑机接口公司 Neuralink 研发了一款只有硬币大小的侵入式脑机接口设备，这款设备可以实现神经信息的传输，把意念转化为数据信号。该设备研发成功是脑机接口领域的一次重大进展。

未来，随着脑机接口技术的发展和相关设备的应用，虚拟与现实之间的壁垒将被彻底打破，人们可以全方位地感受虚拟世界，并在其中自由活动。到那时，人们在元宇宙中生存也将成为可能。

13.1.6 互联网技术迭代，Web3.0 成为趋势

元宇宙的实现离不开互联网技术的不断发展。未来，随着互联网技术的迭代，Web3.0 将成为主流，实现更多功能。

发展至今，互联网经过了多次迭代。在 Web1.0 时期，用户只能被动地浏览互联网平台提供的文本、图片或内容，用户只是内容的消费者。在 Web2.0 时期，除了内容消费者的身份外，用户还可以成为内容的生产者。但用户创作内容的规则由平台制定，用户本身缺乏自主权。在 Web3.0 时期，以往的网络体验限制将被打破，用户将拥有更多自主权。具体而言，用户的自主权主要体现在以下几个方面。

1. 自主管理身份

在 Web2.0 时期，用户可以在不同平台中创建不同的数字身份，但是缺乏管理的自主权。数字身份依托互联网平台而存在，一旦平台关闭，用户在其中的数字身份也将不复存在。同时，不同互联网平台中的数字身份相互独立，难以实现互通，这为用户管理数字身份带来了诸多不便。而在 Web3.0 时期，借助区块链技术，可以搭建起一种全新的分布式数字身份管理系统，实现数字身份的去中心化管理。在这种情况下，用户的数字身份不依托某一互联网平台而存在，用户拥有更多的管理自主权。

2. 自主管理数据

在 Web2.0 时期，用户的数据由互联网平台方掌控，要想使用平台，

用户就必须允许其访问自身的部分数据。而平台一旦过度采集数据，就会侵害用户隐私，同时一旦平台数据泄露，也会对用户造成很大困扰。而在Web3.0时期，区块链技术可以实现用户数据的去中心化存储。用户可以自由决定自身数据与谁共享、作何用途等。在未经用户许可的情况下，其他主体不能访问用户的隐私数据。

3. 获得更多算法自主权

在Web2.0时期，算法是互联网平台的专属，是其洞察用户需求、推送个性化内容的制胜法宝。但这也引发了大数据“杀熟”的问题。而在Web3.0时期，公开、透明的智能合约将赋予用户更多算法自主权。基于代码的透明性，用户能够对可能存在的算法滥用、算法偏见等问题进行监督，以保证算法的合理性。

4. 搭建新的信任与协作关系

在Web2.0时期，基于互联网平台在资源、算法等方面的优势，其与用户难以形成对等的关系，同时在双方的协作过程中，也缺少一种完善的信任机制。这使得平台难以获得用户的完全信任。而在Web3.0时期，所有的协作、合约等都可以基于智能合约实现，一旦触发了合约执行的条件，智能合约就会自动执行，用户不必担心对方失约、毁约等。基于智能合约，用户与互联网平台能够在去信任化的环境中进行协作。

总之，和Web2.0的中心化网络相比，Web3.0是一种去中心化的网络，能够实现数据的去中心化存储与运行。这将大大提升互联网的承载能力，助力元宇宙长久发展。

13.2　未来社会图景：现实社会全面走向虚拟化

随着科技的不断发展，以及人们对元宇宙的接受度越来越高，元宇宙的发展进程也在不断加快。元宇宙发展形势大好，它将走入千家万户，为各行各业赋能，颠覆原有的社会生活，将更多现实活动迁移到虚拟世界中。

13.2.1　多领域、多元化发展

未来，除了游戏、社交等原本就与互联网密切相关的领域外，很多原本只依赖于实体设备的领域也将逐渐与元宇宙融合。这意味着元宇宙正在朝着成熟、多元化的趋势发展。

1. 制造领域

为了提升传统生产的效率，制造企业将生产线转移到元宇宙中。德国汽车制造商宝马与英伟达达成合作，利用英伟达的元宇宙平台 Omniverse 建设虚拟工厂，将其实体资产、制造体系、工艺流程转移到虚拟世界中。此外，元宇宙增加了用户体验产品的形式。2021 年，现代汽车在 Roblox 中推出“Hyundai Mobility Adventure”（现代移动出行大冒险）游戏，并邀请用户参与公测。游戏中存在一个共享的虚拟空间，用户可以在这里使用虚拟形象与其他用户互动，体验现代汽车的产品。

2. 零售领域

传统零售领域对元宇宙的反应非常敏捷。以服装领域为例，相关企业

瞄准接受新事物程度高，又具有消费能力的Z世代，利用各种营销活动在元宇宙中推广品牌，并出售NFT资产。阿迪达斯推出的NFT虚拟服装几分钟内就被抢购一空；耐克收购数字运动鞋公司RTFKT，并在Roblox平台上进行沉浸式体验营销；GUCCI在Roblox平台上推出虚拟购物，虚拟产品价格不输实物产品。

除了服装领域外，食品领域也积极探索元宇宙营销模式。可口可乐在OpenSea平台上进行NFT拍卖营销，提升品牌的虚拟价值；墨西哥连锁快餐品牌“小辣椒”在Roblox平台上开设虚拟餐厅，用户可通过游览虚拟餐厅获得现实中的用餐优惠券。

3. 城市治理领域

元宇宙的相关技术在城市治理领域也有广泛的应用。首尔数字基金会在2021年成立元宇宙办公室，目的是将元宇宙和人工智能技术应用在城市管理上，以增强首尔的竞争力。元宇宙首尔计划于2022年启动，分三个阶段在文化、经济、旅游、教育等业务领域打造元宇宙市政服务生态。

13.2.2 元宇宙融合，衍生文旅消费新场景

在元宇宙发展的过程中，将衍生诸多消费新场景，变革更多行业的发展路径。其中，元宇宙与文旅行业的结合已经有迹可循，也衍生出了文旅消费的新场景。

2021年11月，张家界元宇宙研究中心正式成立。张家界也因此成为全国首个设立元宇宙研究中心的景区。张家界元宇宙研究中心的设立主要用于研究元宇宙与文旅行业融合发展的新思路，用元宇宙的高科技驱动文旅行业的创新与转型。在具体应用方面，张家界以虚拟现实等数字化技术来丰富文旅项目的内容，创新文旅项目的形式，减少景区维护成本的同时又可以增加游客的消费。

在过去，文旅行业消费结构单一，收入有明显的淡季、旺季之分。传

统的景区容客率不高，很容易人满为患，游客的整体游玩体验不佳，自然也无心消费。而元宇宙内的景区则不同，基于 3D 可视化、全景展示、虚拟现实等技术，元宇宙张家界可以为游客带来与真实的张家界风景无异的视觉享受，同时还避免了人潮拥挤，大大提高了游玩舒适度。更重要的是，元宇宙文旅行业的发展会带来一系列商业模式的创新与转型。

可以预见，有了张家界这一元宇宙文旅行业的先锋后，会有更多景区积极开创元宇宙文旅消费新项目，这会为文旅行业带来新的生机。

此外，元宇宙也将推动文创产品的变革。传统的文创产品种类单一，创意大多源自当地传统文化，产品形式多以摆件或明信片为主。这些种类单一且缺乏新意的文创产品很难得到游客的青睐，难以激发游客的消费欲望。

随着元宇宙时代的到来，文创产品有了新的出路。VR 虚拟现实、3D 立体投影等新技术与文旅行业的融合已成趋势。3D 虚拟展示实现了 VR 虚拟现实技术、AR 增强现实技术与传统文创产品的融合，集多种效果于一体，为游客带来沉浸式感官体验。相比传统的文创产品，依托虚拟现实设备展示的数字化虚拟文创产品更能撬动游客的消费需求。未来，随着科技的进步，元宇宙文创产品也将更加普遍。

13.2.3　创作者经济繁荣推动元宇宙经济发展

互联网经济已经从流量模式转变为存量模式，而元宇宙的兴起将会为经济发展注入新的能量。元宇宙的创作者经济将使得全体元宇宙用户参与经济体系建设中来。“人多力量大”这一原理在元宇宙中同样适用，创作者经济将会成为推动元宇宙经济发展的新动力。

一方面，创作者经济会推动元宇宙经济的发展，创作者和平台之间的利益分配方式将会改变。当前，在中心化的平台中，平台掌握着大量的资源和信息，依靠信息不对称的优势，平台往往会在用户创作中获得更多利益。而元宇宙中的分发平台是去中心化的，平台只是内容和工具的提供者，创作者通过创作能够获得更多收益。

另一方面，元宇宙中的经济活动遵循分布式的商业原则。这意味着，元宇宙经济中将不再有股东的概念，所有参与创作的用户都是利益相关者，而用户间利益分配的唯一原则就是自己的付出。

当前，在创作者经济方面，已经有一些企业做出了积极尝试。《迷你世界》是我国用户体量最大的沙盒游戏，传统的游戏场景开发往往需要架构师、前端、后端、测试、UI 等角色共同配合，但《迷你世界》改变了传统创作路径，让每个用户皆可开发游戏。

《迷你世界》基于自研引擎的强可塑性，为用户提供了不同阶段的开发工具。初级创作者可以利用素材方块进行场景搭建，或利用触发器进行可视化编程。专业开发者可以利用底层的 Lua 脚本编辑器进行更复杂的创作。

每个玩家都可以通过平台一站式管理、编辑、测试、发布自己创作的游戏。开发工具的便捷性和开放性，降低了游戏开发的门槛，从而拓展了平台内容的边界，在游戏内形成了“游戏—创作—游戏”的良性循环。

在创作体系和平台经济体系的连接下，开发者可以凭借优质作品获得更多的曝光和收入。例如，《迷你世界》中有一对父女开发者组合“樱桃”，在一年左右的时间里就成长为游戏中首位获得百万收入的开发者，作品下载量超 5000 万。在享受到创作者经济的红利后，二人成立了樱桃工作室，专注于《迷你世界》内容创作。

总之，在元宇宙中，人们付出多少的创作努力，就会获得多少相应的回报。在这样更加公平的经济机制下，人们的创作热情将大大提高，更加积极地参与元宇宙共建中，从而推动元宇宙经济的形成和发展。

13.2.4 跨链技术打造广泛互联的价值互联网

元宇宙的发展离不开区块链技术的支持。而区块链包括公共链、私链、联盟链等，这些链具有不同的特性，应用场景也各不相同。虽然每一条区块链上的数据信息都具有很高的价值，但是由于区块链的封闭性和差异性，导致不同链之间难以实现有效连接，更无法做到数据互通，数据信息也就因此丧失了很多价值。数据信息的孤岛性是当前区块链存在的最大问题。

为了解决这一问题，跨链技术应运而生。跨链指的是通过特定的技术手段，使价值打破链与链之间的屏障实现交互，助力不同区块链之间的资产流通。

跨链技术是推动区块链大范围落地运用的强力助推剂，更是元宇宙实现大范围扩展的核心技术。凭借跨链技术，不同的区块链网络才能够实现互联，实现价值交换，在保证数据精准性的同时实现价值双向流通的可靠性。

具体而言，跨链技术的优势主要体现在以下两个方面。一方面，跨链技术可以突破公链的性能和功能瓶颈。通过跨链技术，将公链中的部分任务转移到侧链或者链下，可以提升区块链网络的性能。同时，在使用某些创新功能时，也可以率先在侧链中进行实验，以保证公链的安全性。另一方面，跨链技术可以实现跨链支付、去中心化交易、跨链数据交互等。

当前，已经有一些企业在这方面做出了尝试，实现了数字艺术品的跨链交易。例如，搜云科技就推出了一体化数字艺术品（Integrated Digital Art，简称 IDA）解决方案，解决不同区块链网络间的交易问题。

发行机构可以通过搜云科技旗下的 IP.PUB 数字艺术品登记服务平台，在区块链服务网络中生成与实物相对应的数字凭证。IDA 的数字凭证发行在开放联盟链“文昌链”中，通过实名制方式保证每一个数字艺术品的数字凭证和流转过程清晰可溯源。

当 IDA 进行全球销售时，其数字凭证可以通过“文昌链”实现跨链传递，实现价值在全球范围内的流转。由此，荣宝斋出品的多幅现代艺术家的限量复制精品得以以 IDA 形式进行发售，首批 IDA 交易额接近 10 万美元。

总之，跨链技术已经成为构建更广泛价值网络的核心技术，也将成为元宇宙产业多场景融合发展的引擎。随着跨链技术的发展，未来将形成多链互联的区块链生态圈，实现除交易外的更多功能，从场景、功能联合方面为元宇宙的发展奠定基础。在未来万链互联的时代中，各种元宇宙应用也得以从分散走向联合，建立边界更广的元宇宙世界。

13.2.5 融合发展，元宇宙平台广泛联结

由于技术的限制，元宇宙当前只能在各个领域的各个平台中实现分批落地。例如在游戏领域中存在多个元宇宙游戏平台，在 NFT 市场中存在多个交易平台，在办公领域存在多个元宇宙办公平台。这些平台并不互通，当人们使用的时候必须依据不同需求去切换平台，这种割裂感给人们的使用带来很大的不便，同时也阻碍了元宇宙的广泛应用。

而未来的元宇宙终极形态是一个平台与平台互联的超级数字世界，拥有一套完整的通用协议，包括用户身份、数字资产、社交关系等。在其中，人们可以拥有统一的数字身份，可以创建自己的私人空间，并在统一的规则和接口下和其他平台相联结。

形成终极形态的元宇宙的重要一点就是在保证各平台独立的前提下，打通各平台之间的壁垒，实现多平台的互联互通，由此才能实现平台间的信息互享、价值互认。这意味着，真正的元宇宙不是某家公司、某个机构独立建立的，元宇宙也不会因某公司或机构的破产而消亡。

从过程上看，元宇宙的形成需要经过两个阶段。第一阶段，各公司会搭建去中心化的元宇宙平台，现实生活中的工作、生活的方方面面都将逐步迁移至虚拟世界中。但其中的用户无法进行跨平台操作，在其中某一平台上创建的社交关系、虚拟资产等也无法和其他平台互通。第二阶段，各平台在通用的标准协议的支持下实现交互、经济的互联互通，实现真正的元宇宙。

未来，各平台在发展的过程中将会形成一个个大大小小的宇宙，而这些都是包含在整个元宇宙体系中的。不同的宇宙相互嵌套，相互联结，而人们在其中的体验也将更加自由。

13.2.6 全面升级，更深层次的数字化成为现实

人类社会正在从现实走向虚拟化，这是不可逆转的时代趋势。元宇宙也正是在这样的时代背景下才得以被人们广泛接受。现实资产数字化、实体经济与数字经济相融合，这些都是现实社会虚拟化的具体体现。而元宇宙也将成为未来社会虚拟化之后的人类生存栖息地。

元宇宙作为现实世界的数字化形态，和人们的游戏、社交、工作等需求紧密相关。当生活数字化进程加快，越来越多的人会愿意投入更多的时间在虚拟世界中娱乐、社交、创作、购物等。元宇宙不仅会将现实生活中的人、物等搬到虚拟世界中，还会复刻现实世界的运行逻辑、商业模式等。同时，新的场景、新的关系还会催生新的商业模式，为互联网企业创造新的盈利点。

未来随着社会的数字化发展，人们的更多活动将在线上开展，而元宇宙就为人们提供了一个边界不断拓展的虚拟空间，让人们可以体验到个性化、场景化、互动化的数字生活。从这一角度来说，元宇宙符合数字社会的未来发展要求。

具体而言，元宇宙能够带来三个方面的数字化，如图 13-1 所示。

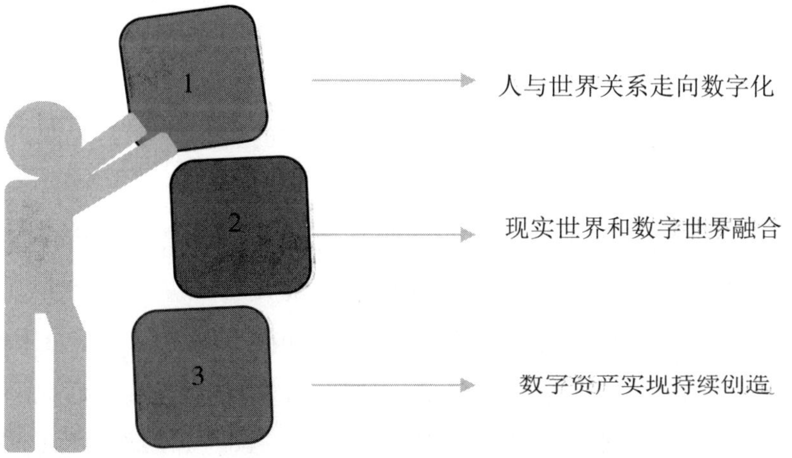

图 13-1　元宇宙带来的三个方面的数字化

1. 人与世界关系走向数字化

在元宇宙中，人机交互体验或将超越人和人之间的交互体验，这不仅能够实现社会关系的数字化，还能够实现人与世界关系的数字化。线上聊天、网络购物、视频会议等实现了人与社会关系的数字化，未来，在元宇宙中，人们将与其他人更频繁地互动，同时，线下的更多关系将会被转移到虚拟世界中，实现人与世界关系的数字化。

2. 现实世界和数字世界融合

未来，现实世界和数字世界的交集越来越多，直至走向融合。数字世界不断地模拟和复刻现实世界，最终形成更广阔的数字空间。数字世界的发展也可以反作用于现实世界，二者的边界将逐步模糊，最终走向融合。

3. 数字资产实现持续创造

在元宇宙中，数字建筑设计、数字艺术品创作等领域将涌现出更多 UGC 内容。用户既是消费者，也是 UGC 内容的创作者。当 UGC 成为数字世界中的主要内容，意味着海量数字资产将被持续创造。数字资产不仅包括现实世界中数字化的实物资产，也包括数字世界中的虚拟资产。在不断的创作中，元宇宙会产生宏大的数字经济规模。

元宇宙各方面数字化程度的加深会对我们的生活产生更为深刻的影响。未来，我们的生活可能是这样的：

早上 8 点，关掉闹钟后，我们慢悠悠地起床、洗漱、吃早饭。9 点，到了上班的时间，我们穿戴好全身追踪的智能设备，进入元宇宙中的公司。同时，同事的虚拟化身也陆续出现。大家可以聚在一起讨论工作，共享虚拟资料。10 点，我们收到大洋彼岸的会议邀请，点击接受后就瞬移到了一个虚拟会议室，来自世界各地的同事聚在一起，开展面对面的交流。12 点，上午的工作结束，我们关闭智能设备便瞬间回到了现实世界，开始和家人一起享受可口的午餐。

这一切看起来无比梦幻，但可能会在未来的某一天成为现实。当元宇宙的数字化程度更高、融入更多的虚拟现实元素时，元宇宙的边界就从游戏、社交等场景拓展到了更广泛的社会场景。

13.2.7 元宇宙与现实交融，携手发展

2022 年是元宇宙的体验年，现阶段的元宇宙还处于与现实世界相融合、相映射的阶段。元宇宙实际上就是现实世界在虚拟空间的映射，例如人们在现实世界中的社交、工作、学习等活动在元宇宙中也是必不可少的。而元宇宙也促进了现实世界中社会生活的变革，例如数字藏品、VR 教育的风靡等，都在改变着人们认知世界的方式。

2022 年 6 月，视频网站 bilibili 的 up 主制作的元宇宙博物馆——中文梗博物馆在 VRChat 平台上线。这座博物馆共分为“梗起”“梗承”“梗兴”“梗繁”“玩家”“二次元”“家”7 个展区，整个博物馆实际上就是中文互联网的发展简史。人们借助互联网来观察世界、感知世界已经很久了，无论是线下，还是线上，现实，还是虚拟，互联网与现实世界始终都在共同发展。

而这座位于虚拟世界中的博物馆能够为现实世界中的所有人提供一个回顾发展历史的机会。在这座博物馆中，每一位参观者都可以用自己的虚拟形象与来自世界各地的用户合影、互动。这座博物馆还具有令人不可思议的功能，例如当用户走进游戏展馆中“我的世界”微缩沙盘旁边的一道门时，用户就会等比例缩小穿越到游戏中，而其他参观用户还可以把缩小后的用户当作观赏对象。

中文梗博物馆的出现让许多人意识到：原来元宇宙就在大家身边，元宇宙居然可以与现实生活中的博物馆产生这样奇妙的联系，而那些早已消失在互联网历史长河中的老梗居然可以在元宇宙中复活。

现实世界能够丰富元宇宙的内涵，而元宇宙可以变革现实中的社会生

活。在不断的发展中，元宇宙与现实不断交融，携手发展，共同促进人类生活的数字化、虚拟化进程。

后记

2021年9月7日，我参加了由中国贸促会、中国国际投资贸易洽谈会组委会主办的主题为“AI予力，再塑产业新动能”的“第二十届世界商业领袖圆桌会议”。

会后，在接受中国新闻网、新浪、搜狐等媒体采访时，我提出了“家居生活三大场景指引智能家居产业发展方向”的观点。我认为，只有在餐饮，睡眠，老人、小孩看护这三大家庭场景不断发力，才能成为智能家居的王者。针对这三大场景，我在杂志《厦门科技》2021年第四期上也做了成果发布。元宇宙的发展一定是由场景驱动的，所以我积极联合高校和业界，构建元宇宙支撑技术与场景驱动创新联合体，希望能对产业发展做出一些贡献。

2021年12月22日，在厦门市“计算机视觉运用与保护高峰论坛”上，我提出了“元宇宙从虚实共生到指引人生”的观点。其中的“生”即应运而生、栩栩如生、生龙活虎与生生不息，分别代表了元宇宙的仿真、虚拟、孪生、再生甚至指引人生。

四生理论的最终结果是什么？我们是否有勇气怀疑：我们是否被宇宙中甚至是超宇宙中的高维生物或者机理所控制，或者我们是不是“试验品”？我又想起北京航空航天大学肖文磊老师的话：“虚拟现实不等于元宇宙，它只是元宇宙的派生。”真正的元宇宙是同维生物无法直接理解的，就像我们无法理解三维虫洞是球形的道理一样。

我们只有在降维之后，才能理解元宇宙的运行机理，就像理解三维虫洞要从理解二维虫洞是一个圆形开始。而降维的手段就是工业与计算机行业常用的化万物为变量，不同之处在于，这个变量实时连接于真实对象并包含时间轴信息——数字孪生。

宇宙是所有空间和时间的综合。商业的本质就是一个字：利，在激烈的市场竞争中，要想长久地获得盈利，就一定要提供更有价值的产品或服务。数字化时代将带来新的市场，我们也要在新商业与新生态中找到新的发力点和盈利点，一起加油！

感谢为本书做出贡献的你、我、他，无法一一列举，多多海涵！

陈建成